Werner Bergmann

GESCHICHTE
DES ANTISEMITISMUS

Verlag C. H. Beck

1. Auflage. 2002
2., überarbeitete Auflage. 2004

3., durchgesehene Auflage. 2006

Originalausgabe
© Verlag C. H. Beck oHG, München 2002
Gesamtherstellung: Druckerei C. H. Beck, Nördlingen
Umschlagentwurf: Uwe Göbel, München
Printed in Germany
ISBN-10: 3 406 47987 1
ISBN-13: 978 3 406 47987 8

www.beck.de

Inhalt

Zum Begriff des Antisemitismus

Der Begriff Antisemitismus wurde 1879 von deutschen Antisemiten, wohl im Umkreis des Journalisten Wilhelm Marr, geprägt, um die Form einer sich wissenschaftlich verstehenden und säkular begründeten Ablehnung von Juden von der alten, nur emotionalen und religiösen Antipathie abzuheben. Einige Wortführer der antisemitischen Bewegung sahen in dem Begriff allerdings eine Prägung ihrer Gegner. Die Wortbildung basiert auf sprachwissenschaftlichen und völkerkundlichen Unterscheidungen des ausgehenden 18. Jahrhunderts, in denen mit dem Begriff des Semitismus der ‹Geist› der semitischen Völker im Unterschied zu dem der Indogermanen erfasst und abgewertet werden sollte. Dieser Neologismus bringt den im frühen 19. Jahrhundert einsetzenden Wandel in der Wahrnehmung von Juden auf den Begriff, die nun nicht mehr primär über ihre Religion definiert wurden, sondern als Volk, Nation oder Rasse, die vielen in den entstehenden Nationalstaaten als Bedrohung der nationalen Einheit erschien. Juden wurden als ein die Nationen ökonomisch, geistig und rassisch zersetzendes Element angesehen, gegen das sich der Antisemitismus als eine politische Ideologie und Protestbewegung formierte, welche die staatsbürgerliche Gleichstellung der Juden zu verhindern und später zu widerrufen suchte. Es handelte sich beim Antisemitismus nicht bloß um Xenophobie oder religiöse und soziale Vorurteile, die es gegenüber Juden weiterhin gab, sondern um ein neues Phänomen: eine antiliberale und antimoderne Weltanschauung, die in der «Judenfrage» die Ursache aller sozialen, politischen, religiösen und kulturellen Probleme sah.

Alle Versuche, Antisemitismus zeitlich und inhaltlich von anderen Formen der Judenfeindschaft klar abzugrenzen, sind umstritten geblieben. Antisemitismus ist zum übergreifenden

Terminus geworden, den man jeweils über Beifügungen wie antiker, christlicher, völkischer, rassistischer Antisemitismus spezifiziert. Diese Ausweitung ist nicht unproblematisch. Sie suggeriert eine historische Kontinuität und scheinbare Allgegenwart von Judenfeindschaft – sozusagen vom biblischen Haman bis zu Hitler – und verkürzt die Beziehungen der Juden zu anderen Völkern auf eine reine Verfolgungsgeschichte. Ein logischer Zusammenhang vom «Vorurteil zur Vernichtung» (Jacob Katz) erscheint zwar aus der Perspektive der Holocausterfahrung plausibel, und man sucht demnach bis zurück zum Beginn der jüdischen Diaspora nach den Wurzeln des Antisemitismus. Die These vom «ewigen Antisemitismus» haben aber Autoren wie Hannah Arendt als absurd und gefährlich zurückgewiesen. Nach der substantialistischen Erklärung wäre das innere, zu allen Zeiten und an allen Orten gleich bleibende Wesen des Antisemitismus ein Hass auf die Juden, der aus ihrer bloßen Existenz als Fremdgruppe mit abweichenden Gebräuchen unter anderen Völkern entsteht. Die sich verändernden Formen der Judenfeindschaft wären so bloße Oberflächenphänomene. Doch weder das antike Bild der Juden, das sich zwischen den Polen von Idealisierung und Ablehnung bewegte, noch die spätere christliche Judenfeindschaft oder der nationalistische und rassistische Antisemitismus sind als eine bloße Reaktion auf die Fremdheit der Juden zu verstehen, denn wie wäre es zu erklären, dass die Feindschaft trotz deren weitreichender Akkulturation nach 1880 eher wuchs als zurückging. Gegenüber einer substantialistischen Erklärung wird in der folgenden Darstellung, die sich auf die Epoche der modernen Judenfeindschaft seit Beginn der Emanzipationsdebatte konzentriert, eine funktionalistische bevorzugt, die die Wandlungen der Ursachen, Ziele und Inhalte von Judenfeindschaft in den einzelnen Epochen und Regionen herausarbeitet und auf konkrete gesellschaftliche Konfliktlagen und Interessen zurückzuführen sucht, die nicht notwendig mit dem Verhalten und der Position der jüdischen Minderheit zusammenhängen müssen. Dabei dürfen allerdings die erkennbaren Kontinuitäten nicht übersehen werden, schichtet sich

doch von den frühchristlichen Anklagen bis zu den rassistischen Feindbildern ein kulturell tief verankerter antijüdischer
Motivvorrat auf, der in jeder Epoche wieder aktualisiert werden kann.

I. Judenfeindschaft von der Antike bis zur Aufklärung

Für die Entstehung der abendländischen Judenfeindschaft kommt dem konflikthaften Ablösungsprozess der frühen Christen vom Judentum zentrale Bedeutung zu. Ob man für die heidnische Antike von einer besonderen Feindschaft gegen die Juden sprechen kann oder eher von einer auch gegenüber anderen Völkern existierenden xenophobischen, «antibarbarischen» Einstellung, ist umstritten. Gegen eine durchgängige «Judeophobie» spricht, dass sich bei Durchsicht der überlieferten antiken Texte positive und negative Darstellungen die Waage halten und die neutralen bei weitem überwiegen. Auch die offenen Zusammenstöße zwischen Juden und ihrer heidnischen Umwelt deuten eher auf konkrete Interessenkonflikte hin, denn Ägypter, Griechen und Römer haben je nach Lage ganz spezifische Eigenschaften an den Juden als bedrohlich empfunden oder verachtet. Für die Geschichte der Judenfeindschaft noch wichtiger ist, dass die frühchristlichen Gemeinden, selbst aus dem Judentum hervorgegangen und von der antiken Gesellschaft mit ähnlichen Vorwürfen bedacht, die antijüdischen Anwürfe der heidnischen Umwelt nicht einfach übernahmen. Erst als das Christentum sich zunehmend in Konkurrenz zum Judentum formierte, entstand aus der ambivalenten Situation von Nachfolge und Konkurrenz heraus eine antijüdische Tradition, die dann an das Neue Testament anknüpfen konnte. Das Selbstverständnis der Christen als «neuer Bund» und «wahres Israel» führte dazu, den Juden die Zugehörigkeit zum neuen Gottesbund abzusprechen (Gal 4,21–31; Mk 12,9–12) und ihnen die Schuld an der Leidensgeschichte Jesu zu geben (Mt 27,25; Mk 15,6–15). Am schwersten wog die anfangs als innerjüdische Angelegenheit formulierte Anschuldigung des Christusmordes: «welche

auch den Herrn Jesum getötet haben, und ihre eigenen Prophe-
ten, und haben uns verfolget» (1 Thess 2,15). In polemischen
und exegetischen Schriften, in Predigten, in der christlichen Geschichtsschreibung, sowie in der Frömmigkeit entwickelte sich
seit dem frühen 2. Jahrhundert eine konsequent judenfeindliche
Haltung, die in ihrer Herabsetzung von Volk und Glauben der
Juden über die heidnische weit hinausging und zum integralen
Bestandteil der Lehre wurde. Das grundlegende Repertoire des
christlichen Antisemitismus war früh entwickelt: die Blindheit
der Juden, ihre Leugnung der Messianität Jesu bis hin zum
Christusmord, ihre Verwerfung durch Gott, ihre Christenfeindlichkeit sowie der Gedanke ihrer Knechtschaft. Doch findet sich in den NT Schriften auch die Aussicht auf ihre Bekeh-
rung und endzeitliche Errettung eines «Restes» (Röm 11). Damit war theologisch eine Grenze gegenüber Zwangsbekehrung
und Ausrottung markiert, die ihren rechtlichen Ausdruck im
Schutz der jüdischen Religion fand.

Dies blieb als Postulat bestehen, als das Christentum im
4.–5. Jahrhundert zur Staatsreligion wurde. Zugleich begann
der Antijudaismus praktische Auswirkungen zu zeigen. Synagogen wurden verwüstet, Juden tätlich angegriffen und Gesetze erlassen, welche die Konversion von Christen zum Judentum verhindern, Ehen zwischen Juden und Christen unter-
binden, Juden den Besitz christlicher und heidnischer Sklaven
verbieten und sie aus dem öffentlichen und staatlichen Leben
verdrängen sollten.

In den verschiedenen Epochen des fast tausendjährigen europäischen Mittelalters trat die Judenfeindschaft in sich verändernden Ausdrucksformen und Kontexten auf, wobei der
Glaubensgegensatz die Basis für eine oft erbitterte soziale
Ablehnung bildete. Die Juden konnten (und wollten) in der
mittelalterlichen Gesellschaft niemals gleichberechtigt sein, sie
waren als Anhänger einer «verworfenen» Religion bestenfalls
geduldet. Mit der religiösen Durchdringung des Abendlan-
des und den innerkirchlichen Reformbewegungen, insbesondere mit den Missionsbestrebungen der Bettelorden, verbreitete sich die Judenfeindschaft über den Kreis der Theologen

hinaus und wurde Teil der Volksfrömmigkeit. Damit nahmen die Aversionen und Konflikte so zu, dass die zunächst überwiegend friedliche Koexistenz immer häufiger, etwa im Verlauf der Kreuzzüge (1096, 1146/47 und 1188/89), durch Gewaltausbrüche der christlichen Mehrheit bedroht wurde, bis seit etwa um 1300 der «Konflikt zur Norm» (Michael Toch) wurde. Diese Verschlechterung der gesellschaftlichen Stellung der Juden hatte mehrere Ursachen. Eine war der Wandel des Judenschutzes. Nachdem dieser wegen des Versagens der lokalen Gewalten während der Kreuzzugsverfolgungen zunehmend auf den Kaiser übergegangen war und die Juden als «Kammerknechte» ähnlich wie zuvor in England und Frankreich dem kaiserlichen Schutz und Fiskus unterstellt worden waren, trat die Zentralgewalt nun ihr «Judenregal» immer häufiger an die Landes- oder Stadtherrn ganz oder teilweise ab. Der Schutzgedanke machte dabei immer mehr der Auffassung von Juden als reinem Finanzobjekt Platz, die als «königliche Melkkuh» willkürlich ausgebeutet und auch abgeschlachtet werden konnten. Ihre Position verschlechterte sich auch, weil sie nicht zu den sich als christliche Bruderschaften verstehenden Zünften zugelassen wurden, denn damit verloren die Juden ihre Stellung in Warenhandel und Handwerk und wurden gänzlich auf den von der Kirche als «Wucher» verdammten Geld-, Pfand- und Kleinhandel eingeschränkt. Schließlich wurden sie durch die Bestimmungen des IV. Laterankonzils (1215) sowohl zu einer ausgegrenzten Gruppe (Kennzeichnung der Kleidung, Ausschluss von öffentlichen Ämtern, u.a.) als auch – mit der Verkündigung der Transsubstantiationslehre – zum Ziel von Blutbeschuldigungen, wonach sie die Opferung Christi stets aufs Neue wiederholten, sei es, dass sie die Hostie als den Leib Christi verletzten, sei es, dass sie Christenkinder kreuzigten oder sonst zu Tode marterten, um Blut für ihre Rituale oder für die Heilung von Krankheiten zu gewinnen. Obwohl die kirchliche Hierarchie diese Ritualmord- und Hostienfrevellegenden bekämpfte, entwickelten sie sich in der Volksfrömmigkeit zusammen mit der «Brunnenvergiftung» zu wirkungsmächtigen Vorstellungen, die bis ins 20. Jahrhundert hinein Anlässe für kollektive Gewalt gegen Juden lieferten.

Die religiöse und soziale Stigmatisierung der Juden, in der sich eine tiefsitzende Angst vor diesen «Feinden der Christen» ausdrückte, sowie ihre ökonomische Spezialisierung, die ihnen den Vorwurf des Wuchers eintrug und sie zu lohnenden Opfern von politischen Konflikten machte, führten zu den großen Verfolgungswellen des späten 13. und des 14. Jahrhunderts (Pestpogrome 1348–50), in denen viele jüdische Gemeinden in Mitteleuropa vernichtet wurden. Zuvor waren die Juden schon aus England (1290) und Frankreich (ab 1306) vertrieben worden, nachdem ihnen dort mit dem Verbot von Zins- und Pfandleihgeschäften und steuerlicher Auspressung durch die Könige die wirtschaftliche Grundlage entzogen worden war. Im 15. und 16. Jahrhundert folgten Ausweisungen aus vielen deutschen Städten und Ländern, 1492 aus Spanien und 1496/97 aus Portugal, wo sich im Zuge der massenhaften Konversion von Juden (Conversos) unter dem Zwang ihrer christlichen Umwelt im 15. Jahrhundert eine aus heutiger Sicht rassistische Form der Judenfeindschaft entwickelt hatte, da man über Abstammungsnachweise («estatutos de limpieza de sangre»), die eine Blutsreinheit belegen sollten, weiterhin zwischen Christen und den des heimlichen «Judaisierens» verdächtigten Conversos unterschied, deren Nachkommen man den Zugang zu bestimmten Berufen verweigerte.

Im Spätmittelalter ging der Judenschutz vollständig auf die Städte über, die gegen Entgelt befristete kollektive oder individuelle Schutzbriefe ausstellten. Dies erlaubte eine flexible Ansiedlungspolitik zwischen Privilegierung und Diskriminierung, doch bot die städtische Obrigkeit andererseits für die Juden effektiveren Schutz als der Kaiser oder die Territorialherren. Die «Judenordnungen» zielten letztlich darauf, den Handlungsspielraum der Juden immer mehr einzuengen und sie etwa durch Nichtverlängerung von Schutzbriefen oder den Entzug der wirtschaftlichen Basis durch enge Zoll- oder Zinsvorschriften zu vertreiben, da man in ihnen nach der Lockerung des kirchlichen Wucherverbots nun eine unliebsame Kon-

kurrenz für die in diesem Sektor tätigen Christen und eine Gefahr für die politische Autonomie der Stadt gegenüber den Ein-
griffsrechten anderer Gewalten sah, die beim Judenregal an-
setzen konnten. Zu einer schärferen Ausgrenzung der Juden
(Ghettobildung, Wucherverbot) trug im 15. Jahrhundert auch
der durch die Hussitenbewegung zu einem neuen Höhepunkt
gelangte Kampf gegen die Ketzerei sowie die Kirchenreform
bei, die einen neuen «christlichen Fundamentalismus» entstehen ließen. Die Vertreibungen des 15. und frühen 16. Jahrhunderts hatten im Kern also religiöse und ökonomische Motive,
die weitgehend unabhängig von konkreten Konflikten wirkten.

Diese Exklusionspolitik ließ viele Juden nach Osten abwan-
dern, wo ihre Gemeinden unter dem Schutz des polnischen
Königs im 16. Jahrhundert ein «Goldenes Zeitalter» erlebten.
Es gab auch eine Migration in andere europäische Regionen
sowie eine Binnenmigration in kleinere Städte und ländliche
Gemeinden. Mit den Kosaken-Aufständen gegen die polnische
Herrschaft (1636–38 und 1648–49) unter Führung Chmelnie-
ckis, die sich auch gegen die privilegierte und relativ autonome
Gruppe der Juden richteten, verlagerte sich der Schwerpunkt
jüdischen Lebens wieder stärker nach Mitteleuropa.

Die Abdrängung vom städtischen Markt veränderte seit
Mitte des 16. Jahrhunderts die jüdische Berufsstruktur. Juden
konzentrierten sich nun auf die Mittlertätigkeit zwischen Dorf
und Stadt: Sie boten agrarische Erzeugnisse auf Messen und
Jahrmärkten an und versorgten im Gegenzug die Dorfbevöl-
kerung mit Waren aller Art. Dieser berufliche Wandel ließ die
jüdische Minderheit verarmen, die mehr schlecht als recht
vom Hausier- und Trödelhandel, der Pfandleihe und als kleinere Korn-, Vieh- und Weinhändler lebte. Da die Landesher-
ren, für die Judenpolitik vor allem Fiskalpolitik war, ihre
Schutzbriefe an Besitz und Zahlungen banden, produzierte
der Verarmungsprozess immer mehr «unvergleitete» Juden, die
umherziehen mussten und auch von den jüdischen Gemeinden
nicht mehr aufgenommen werden durften. So bildete sich ein
Heer von wandernden, häufig in die Kriminalität abgedräng-
ten «Betteljuden», die um 1780 einen Anteil von ca. zehn

Prozent der jüdischen Bevölkerung ausmachten und als soziales Problem ein Motiv für die Reformen im späten 18. Jahrhundert bildeten. Nur einer dünnen Schicht von Kaufleuten und Händlern gelang seit dem 16. Jahrhundert der Aufstieg zu Lieferanten an merkantilistischen Fürstenhöfen. Diese Hofjuden wurden im 17. Jahrhundert rechtlich und sozial privilegiert und bildeten eine Elite in der Judenschaft.

Die mit der Reformation ausgelöste konfessionelle Krise und das anschließende Zeitalter der Konfessionalisierung änderten die antijudaistische Position der Kirchen kaum. Humanismus und Reformation brachten keine Wende, denn zu ihrem Kampf für die Erneuerung von Kirche und Gesellschaft gehörte eine «geistige Generalabrechnung mit Juden und Judentum», die für die Veräußerlichung innerer Werte, Orthodoxie und geistige Verwirrung der Zeit standen (Heiko A. Oberman). Die Ambivalenz von Bekehrungswunsch und Hass auf die Juden, deren Verstockung den Weg zum endzeitlichen Reich blockierte, spiegelt sich auch in der Haltung Luthers, der zunächst in seiner Schrift «Dass Jesus Christus ein geborner Jude sei» (1523) die Blutbeschuldigungen und Zwangsbekehrungen zurückgewiesen und den verderbten Zustand der Papstkirche für die ausbleibenden Erfolge der Judenmission verantwortlich gemacht hatte, dann aber, als diese sich auch mit der Reformation nicht einstellten, vehement antijüdische Schriften publizierte («Von den Juden und ihren Lügen», 1543), die über theologische Verdammungen hinaus der Obrigkeit vorschlugen, man solle jüdische Häuser und Synagogen verbrennen, ihre Schriften konfiszieren usf. Es greift jedoch zu kurz, die Wurzeln des Antisemitismus in der Reformationszeit nur bei Luther zu suchen, denn auch die Humanisten waren durchaus noch von der alleinigen Wahrheit des Christentums überzeugt, so dass ihnen das «Elend der Juden» als Strafe Gottes gerechtfertigt erschien und sie diese kaum weniger dämonisierten als ihre Zeitgenossen. Dass die Juden das Gemeinwohl bedrohten, war ein Konsens auch unter den weniger grob judenfeindlichen Reformatoren (Zwingli, Bucer) und Humanisten.

Der protestantische Klerus hat gegenüber den protestantischen Fürsten eher die judenfeindliche Position bestärkt, da die Juden nach der lutherischen Zwei-Reiche-Lehre nicht nur aus dem Gottesreich ausgeschlossen waren, sondern der weltlichen Obrigkeit auch die Aufgabe zukam, die christliche Erlösung im weltlichen Reich durchzusetzen. Die protestantische Rückbesinnung auf die Bibel und die Erfahrung von Verfolgung und Exil seitens christlicher Glaubensflüchtlinge brachte jedoch im 17. Jahrhundert insbesondere in den Niederlanden eine mildere, «philosemitische» Strömung hervor, die eine generelle Verurteilung der Juden ablehnte. Das Ende des starren Gegensatzes zwischen den christlichen Konfessionen entspannte im 17.–18. Jahrhundert auch das christlich-jüdische Verhältnis und förderte die sozialen und kulturellen Beziehungen, zumal Juden zu dieser Zeit aus ihrer Ghettoexistenz herauszutreten begannen. Arno Herzig nennt die Periode von 1650–1815 die «wohl ausgeglichenste in der deutsch-jüdischen Geschichte», in der die christliche Umwelt ihre krasse Feindseligkeit überwunden hatte und in der das friedliche Leben das Normale, Konflikte die Ausnahme waren. So fiel das für die spätere antijüdische Traditionsbildung wichtige Werk des Orientalisten Johann Andreas Eisenmenger *Entdecktes Judenthum* (1700/1710), das mit der deutschsprachigen Publikation aus dem Zusammenhang gerissener rabbinischer Quellen, die Christenfeindschaft belegen sollten, den religiösen Gegensatz betonte, aus einer eher «judenfreundlichen» Zeitstimmung heraus. Antijüdische Initiativen gingen von den Zünften und sonstigen Interessengruppen aus, die die wirtschaftliche Konkurrenz der Juden fürchteten, während die Landbevölkerung einen diffusen, volkstümlichen Antijudaismus bewahrte. Die philosemitische Strömung der Zeit darf nicht als grundsätzliche Toleranz missdeutet werden. Ein besseres Verständnis des Judentums zielte immer auf dessen Widerlegung, und so finden wir seit Mitte des 17. Jahrhunderts in vielen Territorien eine Verpflichtung der Juden zur Anhörung von Missionspredigten. Die katholischen Theologen ebenso wie die protestantische Orthodoxie schrieben die anti-

judaistische Tradition der Alten Kirche bis ins 19. Jahrhundert
fort. Das Christentum sah sich im 18. Jahrhundert seinerseits
der radikalen Kritik seitens der Aufklärungsphilosophie ausgesetzt, sofern es deren Auffassung von Vernunft und Na-
turgesetzen widersprach. In diese Kritik wurde auch das Judentum als Religion und Basis des Christentums eingeschlossen. Dabei konnte es, wie bei einigen englischen Deisten, zu
einer weiteren Abwertung des Alten gegenüber dem Neuen
Testament und der Zuschreibung der vernunftwidrigen An-
teile des Christentums zu seiner jüdischen Wurzel kommen.
Die biblische Geschichte Israels erschien der rationalistischen
Geschichtsschreibung eines Voltaire gemessen an rationalen
Vorstellungen von Moral und Vernunft als Ansammlung
von Sittenlosigkeit, Aberglauben und politischer Unfähigkeit.
Da die jüdische Geschichte als Einheit gedacht wurde, galten diese Charakterzüge auch für die zeitgenössischen Juden,
die Voltaire als ein in «jeder Hinsicht minderwertiges Volk»
einstufte.

Doch mit der Kritik am Christentum, der Idee des säkularen Staates, dem Glauben an die Formbarkeit von Staat und
Individuum und dem Grundsatz der Rechtsgleichheit aller
Menschen stellte sich auch die Frage nach der Rolle der Juden
neu. Die Trennung von Staat und Religion sowie der Erziehungsgedanke hoben tendenziell den Ausschluss der Juden
von der gleichberechtigten Teilhabe am gesellschaftlichen und
politischen Leben auf. Englische Aufklärer hatten schon früh,
nämlich zu Beginn des 18. Jahrhunderts, die gleichberechtigte
Aufnahme von Juden in die Gesellschaft gefordert, doch
schenkten, anders als die deutsche Aufklärung, weder die
englische noch die französische Aufklärungsphilosophie den
Juden größere Beachtung, was sicherlich mit der in beiden
Ländern zahlenmäßig kleinen, z. T. schon stärker integrierten
jüdischen Minderheit zu tun hatte. In Deutschland drückte
sich das neue Denken in der Belletristik und Staatsphilosophie
des 18. Jahrhunderts etwa bei Gellert, Lessing, Dohm und
Mendelssohn aus, auch wenn man nicht verkennen darf, dass
die Zahl der Aufklärer klein war und sich in ihrer Haltung zu

Juden Ambivalenzen und durchaus verschwiegene antijüdische Ressentiments offenbaren.

So bedeuteten Aufklärung und Französische Revolution einen Wendepunkt für die Geschichte der Juden und der Judenfeindschaft, denn der Toleranzgedanke, die revolutionäre Praxis und die rationalistische Kritik an der bestehenden Gesellschaftsordnung zielten auch auf die Aufhebung der Gruppenschranken zwischen Christen und Juden.

II. Der Widerstand gegen die Judenemanzipation

Mit dem Naturrechts- und dem säkularisierten Staatsdenken der Aufklärung verlor die Außenseiterposition der Juden, die bis dahin als Nicht-Christen eine rechtlich autonome Korporation und eine in Sprache, Kleidung und religiösen Gebräuchen deutlich abgegrenzte Gruppe am Rande der Ständegesellschaft gebildet hatten, ihre Legitimation, und es erhob sich im 18. Jahrhundert in allen europäischen Staaten früher oder später die Forderung nach der Neubestimmung ihrer gesellschaftlichen Stellung. Die Judenemanzipation war Teil des allgemeinen Emanzipationsprozesses, der auf rechtliche Gleichstellung, größere politische und wirtschaftliche Freiheit für alle Bürger und auf kulturelle Homogenisierung innerhalb eines Staatsgebietes zielte. Mit der Abschaffung der feudalen Privilegien und der Öffnung des Wirtschaftssystems für freien Kapitalverkehr, Gewerbefreiheit und Freizügigkeit der Arbeitskräfte fielen sukzessive auch für Juden die Einschränkungen fort und sie wurden zu politischen und wirtschaftlichen Mitspielern in einer Gesellschaft, in der die soziale Position zunehmend nicht mehr ererbt, sondern über persönliche Verdienste definiert wurde. Diese neuen Freiheiten wurden in vielen europäischen Ländern gerade von der jüdischen Minderheit erfolgreich zum sozialen Aufstieg genutzt, während sie andererseits traditionell privilegierte Gruppen unter Konkurrenzdruck setzten und damit soziale Spannungen schufen, die Widerstand gegen die Modernisierung und damit auch gegen die Judenemanzipation hervorriefen. Modernisierung bedeutete auch, dass die modernen Staaten den direkten bürokratischen Durchgriff auf ihre Bürger anstrebten und deshalb den Einfluss intermediärer Institutionen etwa auf das Wirtschaftsleben, das Erziehungs- und Wohlfahrtswesen zurückdrängten. Aus dieser Entmediatisierung und Säkularisierung ergaben sich für die Juden einerseits Integrationschancen, hatten doch gerade die Kirchen und christlichen Zünfte wesentlich zu ihrer sozialen Ausgrenzung beigetragen, andererseits untergrub diese Entwicklung aber auch die rechtliche und politische Autonomie der jüdischen Gemeinschaft. Dies war ein erklärtes Ziel des Staates, der nur den einzelnen Juden als Staatsbürger integrieren wollte. Das führt auf den für die Juden besonders problematischen Punkt des Modernisierungsprogramms, nämlich die kulturelle Homogenisierung innerhalb der sich herausbildenden Nationalstaaten. Dies zwang sie zur Akkulturation an die Nationalsprache, das Bildungssystem, an Sitten und Gebräuche einer christlichen Gesellschaft. Die Akkulturationsbereitschaft der Juden war aber nur ein Faktor für den Integrationserfolg, er hing auch von der Form und dem Ausmaß der ethnischen Exklusivität der Mehrheitsgesellschaft ab, welche die Hürden für eine volle nationale Zugehörigkeit unterschiedlich hoch legen konnte.

Im Gesamtprozess des Übergangs in die bürgerliche Gesellschaft bildete die Judenemanzipation ein Randphänomen, sie war aber, wie ihr Zickzackkurs über fast ein Jahrhundert belegt, besonders umstritten, denn die Geschichte christlich-jüdischer Beziehungen hatte nach Viktor Karady die Juden religiös, politisch und ökonomisch von der christlichen Gesellschaft abgesondert. Als Integrationshindernis wurde vor allem die jüdische Religion wahrgenommen, welche die Juden zu kulturell Fremden machte, die sich ihrem religiösen Separatismus gemäß nicht integrieren wollten. Diese Sicht auf die Juden als eine exklusive, aber eng vernetzte Solidargemeinschaft fand eine Stütze in der Organisation der jüdischen Gemeinden, die als autonome Korporationen zahlreiche nicht-religiöse Aufgaben erfüllten. Obwohl der moderne Staat versuchte, sie auf bloß konfessionelle Aufgaben zu begrenzen, hielt sich doch der Eindruck, das Netzwerk der Gemeinden bilde einen «Staat im Staate» bzw. es existiere so etwas wie eine «jüdische Internationale». Und noch in einer weiteren Dimension wichen die Juden von der Feudalgesellschaft ab: in ihrer sozialen und beruflichen Schichtung. Es gab weder Adel noch Klerus noch abhängige Bauern, sondern es herrschte eine Schicht von kleinen, zum Teil verarmten Selbständigen vor (Händler, Pfandleiher, Pächter, Schankwirte), über die eine kleine Spitze überregional oder gar international tätiger Finanziers und Kaufleute herausragte. Diese abweichende Schichtung und die (erzwungene) berufliche Spezialisierung brachten den Juden in der entstehenden kapitalistischen Gesellschaft Startvorteile, da sie auf Grund ihrer Mittlerposition teils über genügend Kapital, Marktkenntnis und wirtschaftliche Rationalität verfügten, mobil waren, und, an Selbständigkeit gewöhnt, die zukunftsträchtigen freien Berufe des Journalisten, Arztes oder Rechtsanwalts wählten. Die Erwartung auch von Fürsprechern der Emanzipation, die als «gemeinschädlich» betrachtete berufliche Schichtung der Juden würde sich bei freier Berufswahl im Laufe der Zeit an die der Christen angleichen, erfüllte sich (begreiflicherweise) nicht, da dies die Wahl überbesetzter und zudem rückläufiger Berufszweige (Bauern, Handwerker) bedeutet hätte.

Die Forderung nach einer Emanzipation der Juden wurde in Deutschland und Österreich im späten 18. Jahrhundert von einer kleinen bürgerlichen Schicht von Aufklärern und aufgeklärten Staatsbeamten erhoben, die in Büchern und kleineren Schriften, wie in Christian Wilhelm Dohms berühmten Werk «Über die bürgerliche Verbesserung der Juden» (1781), ab 1780 die europäische Reformdiskussion auf den Weg brachten. In Frankreich hatte Ludwig XVI. die Kommission Malherbes beauftragt, die Lebensverhältnisse der Juden zu verbessern. 1782 war dort als letzte Spur der mittelalterlichen Gesetzgebung der Leibzoll abgeschafft worden. Die aufgeklärte Politik, der es um die Eingliederung und «Nutzbarmachung» der unterprivilegierten Juden ging, traf sich mit Bestrebungen nach einer Reform des jüdischen Lebens und einer größeren Anpassung an die Mehrheitsgesellschaft in Teilen des west- und mitteleuropäischen Judentums, doch lehnten nicht wenige Juden diesen Weg ab. Auch das Gros der Gesellschaft, insbesondere Institutionen wie die Kirchen und bestimmte Berufsgruppen, etwa Kaufleute und die Landbevölkerung, stand den Reformbestrebungen ablehnend gegenüber, da es in jeder Verbesserung der rechtlichen und sozialen Position eine weitere Stärkung des als übermächtig angesehenen Judentums sah bzw. diese an gewisse Bedingungen, etwa an eine innere Reform des Judentums knüpfen wollte. In der Diagnose eines «verdorbenen Nationalcharakters» der Juden herrschte breiter Konsens, uneinig war man sich nur über die Ursachen und die Therapie: Machten deutsche wie französische Reformer die jahrhundertelange Diskriminierung der Juden für ihre «Verdorbenheit» verantwortlich und erhofften von der Besserung der Lebensbedingungen auch eine des «Charakters», so verwechselten sie nach Meinung ihrer Gegner Ursache und Wirkung. Für diese war die Diskriminierung die notwendige Folge der «Gemeinschädlichkeit», so dass die Juden ihre Lage selbst verschuldet hätten.

Mit Rücksicht auf die ablehnende Haltung der Bevölkerung setzte man in Mittel- und später in Osteuropa auf schrittweise, staatlich gelenkte Reformen, die zwei Ziele verfolgten: Sie sollten dem Staat nützliche Bürger schaffen und die christliche Bevölkerung vor der schädlichen Handelstätigkeit der Juden bewahren, und sie sollten die Lage der Juden verbessern und ihre Sozialstruktur der Mehrheitsgesellschaft angleichen. Beide Ziele konnten durchaus in Widerstreit geraten. Der Erziehungsgedanke zielte in letzter Konsequenz auf das Aufgehen der Juden in die christliche Gesellschaft, denn auch die meisten Aufklärer akzeptierten die Juden nicht als Juden, sondern erst dann, wenn sie «sich nach den Sitten der Christen umgebildet» hätten, wie es der Freiherr von Knigge im Jahre 1788 formulierte. Rechtliche Besserstellung konnte so nur ein Anfang sein, Ziel war die vollkommene Verschmelzung, zu der, wie es ein Beamter der preußischen Regierung 1809 formulierte, «nichts Geringeres als Austilgung des alten innern National-Prinzips erforderlich ist. Die jüdische Nation beruht auf ihrem Glauben, und sie wird nicht eher unter den Christen sich völlig nationalisieren, als bis sie aufhöret jüdisch zu sein, d.h. als bis die Juden Christen werden». Konsequenterweise wurden Minderheitenrechte als Sonderrechte abgelehnt. Die klassische Formulierung dafür stammt aus der Rede Clermont-Tonnerres vor der französischen Nationalversammlung am 24. Dezember 1789: «Den Juden als Nation ist alles zu verweigern, den Juden als Menschen aber ist alles zu gewähren.»

Trotz der Rücksichtnahme auf die Interessen der christlichen Mehrheit stieß die Judenemanzipation auf Ablehnung, die sich vom traditionellen Antijudaismus dadurch unterschied, dass sie neben den religiösen und ökonomischen Vorbehalten bereits kulturelle, nationalistische und protorassistische Argumente benutzte, um – zum Teil mit Gewalt – gegen die «kulturelle Einwanderung» und rechtliche Gleichstellung der Juden anzukämpfen. Diese antiemanzipatorische Judenfeindschaft war also eine moderne Erscheinung, insofern sie sich gegen die Modernisierung von Staat und Gesellschaft (freie Wirtschaft, Religionsfreiheit, Rechtsgleichheit) wandte. Sie bildete im Unterschied zum späteren Antisemitismus noch keine politische Bewegung und hatte noch nicht die Form einer geschlossenen Ideologie, welche die Modernisierung der Gesellschaft grundsätzlich als Resultat der «Judenherrschaft» ablehnte.

Der Emanzipationsprozess nahm in West-, Mittel- und Osteuropa aus einer Reihe von Gründen einen unterschiedlichen Verlauf. Ein Grund lag in der Größe und Beschaffenheit der jüdischen Minderheit. Anders als in den westeuropäischen Ländern mit sehr kleinen und z.T. bereits verbürgerlichten Judenheiten ergab sich für Preußen, Österreich und Russland ein Reformbedarf allein schon aus dem großen Zuwachs an einer weitgehend verarmten jüdischen Bevölkerung durch die

polnischen Teilungen ab 1772. Hatten um die Mitte des
18. Jahrhunderts auf dem Gebiet des späteren deutschen Kaiserreichs ungefähr 70 000 Juden gelebt (die gleiche Zahl kann
man für die Habsburgischen Länder annehmen), so stieg sie am
Ende der napoleonischen Kriege im mitteleuropäischen Raum
auf ca. 400 000 – 500 000 an, was für Deutschland einem Bevölkerungsanteil von rund einem Prozent entsprach. Im Russischen Reich hatte es auf Grund eines Ansiedlungsverbots bis
dahin praktisch keine Juden gegeben. Mit dem Erwerb von
Weissrussland, Litauen und der Ukraine kamen ungefähr
vierhunderttausend Juden und andere Minderheiten zum Zarenreich. Die Juden, die sich in Polen relativer religiöser und
gesellschaftlicher Freiheit erfreut hatten, gerieten unfreiwillig
ins rückständige Zarenreich, und ihre Geringschätzung der
russischen Kultur war ein Grund für ihre geringe Integra-
tionsbereitschaft, was sie in den Augen vieler Russen zu einem
fremden und unassimilierbaren Bevölkerungsteil machte. Die
Integration wurde zusätzlich durch ein starkes jüdisches Be-
völkerungswachstum erschwert, so wuchs die Zahl der Juden
von 1,2 Millionen im Jahre 1825 auf 5,2 Millionen 1897 an.
Da neunzig Prozent von ihnen im Ansiedlungsrayon lebten,
einem Gebietsstreifen von der Ostsee bis zum Schwarzen
Meer, betrug ihr Bevölkerungsanteil hier oft fünfzehn Prozent,
örtlich konnte er sogar über fünfzig Prozent liegen. Mit einem
Anteil von neun Prozent am Ende des 19. Jahrhunderts (3 %
im Jahre 1844) gestaltete sich die Integration im Zarenreich
wesentlich komplizierter als in Deutschland oder Frankreich
(in den anderen west- und nordeuropäischen Ländern stellten
die Juden im 19. Jahrhundert nie mehr als zwei Promille), wo
zur Zeit der Französischen Revolution nur rund 40 000 Juden
lebten, deren Zahl sich bis 1861 verdoppelte. Die Juden Frankreichs lebten damals in zwei kaum miteinander verbundenen
Gemeinschaften. In Südwestfrankreich (Bordeaux, Bayonne)
wohnten portugiesische Juden, die fast alle lokalen Bürgerrechte besaßen, zur städtischen Oberschicht gehörten und auf-
geklärt und assimilationsbereit waren. Die elsässischen Juden
boten das entgegengesetzte Bild und glichen den Juden in den

deutschen Ländern. Sie lebten in engen, ghettoähnlich abge-
schlossenen Gemeinden, waren arm, trieben Klein- und Vieh-
handel, wollten auch im revolutionären Frankreich an ihrem
orthodoxen Gemeindeleben festhalten und wehrten sich gegen
zentralistische und assimilatorische Zwänge.

Allein diese Hinweise zur Größe, Siedlungsstruktur, sozialen
Lage und Assimilationsbereitschaft der jeweiligen jüdischen
Minderheit zeigen die unterschiedlichen Ausgangsbedingungen
der Judenemanzipation. Diese von West nach Ost ungünstigere
Lage ging natürlich keineswegs überwiegend auf das Konto
der Juden, sondern wurde wesentlich durch folgende Faktoren bedingt: den bereits erreichten Grad an gesellschaftlicher Modernisierung, vor allem die Stärke einer bürgerlich-liberalen Gesellschaftsschicht, der voremanzipatorischen
Rechtsstellung der Juden, und die Form und Probleme der
Nationalstaatsbildung. In allen Fällen bestand ebenfalls ein
West-Ost-Gefälle: Frankreich war bereits eine relativ stärker
verbürgerlichte und homogene Staatsnation, die neben den
Juden keine größere ethnische Minderheit zu integrieren hatte
und in der die Judenemanzipation den Prinzipien entsprach,
auf denen auch die staatlichen Institutionen fußten. Die portu-
giesischen Juden waren zudem rechtlich bereits weitgehend integriert. Im Heiligen Römischen Reich, das in eine Unzahl von
Staaten zerfiel, gewann hingegen die nationale Einheitsbewe-
gung erst mit den napoleonischen Kriegen an Elan, und das
liberale Bürgertum blieb gegenüber den fortbestehenden ständischen Strukturen schwach. Die Juden wurden über «Juden-
gesetze» und «Schutzbriefe» im Grunde wie Ausländer behandelt und waren zumeist gezwungenermaßen Mitglieder
von Landjudenschaften. Das Habsburger- wie das Zarenreich
waren Vielvölkerstaaten, in denen die Juden nur eine ethnische Gruppe unter vielen waren, die sich von der christlichen
Umwelt gleich mehrfach durch ihre Religion, Sprache, Kleidung und politischen Rechte unterschied. Russland war zudem wirtschaftlich und politisch am rückständigsten, so dass
dort die Emanzipation der Juden spät einsetzte und sich bis in
das 20. Jahrhundert hinzog.

Die mitteleuropäischen Mächte verfolgten in ihrer Judenpolitik im 18. Jahrhundert primär das Ziel, die Zahl der Juden
eng zu begrenzen sowie die anwesenden finanziell auszubeu-
ten und in ihrem Gemeindeleben zu reglementieren. Ihre eigene
Judenfeindschaft wie die ihrer Untertanen hinderte die Fürsten
nicht, reiche Juden aus ökonomischen Gründen zuwandern zu
lassen und einzubürgern. Entsprechend verstanden die aufgeklärten Regierungen die Judenemanzipation als ihre Aufgabe.
In deren politischer Umsetzung spielte Österreich eine Vorreiterrolle. Die frühe Reform des jüdischen Status wurde durch
die erste Teilung Polens 1772 erzwungen, da Österreich mit
Galizien ca. 200000 Juden erhielt, von denen viele nach Westen abwandern wollten. Kaiser Joseph II. erließ 1781/82 Tole-
ranzpatente, die zwar viele Restriktionen beibehielten (Hei-
ratsverbote, Bestimmungen gegen Freizügigkeit und Einwanderung) und die gesellschaftliche Grenze zwischen Christen und
Juden nicht beseitigen wollten, aber dennoch einen Wandel in
der Einstellung des Staates gegenüber seinen jüdischen Untertanen signalisierten, indem sie größere Freiheiten und staatliche Erziehung gewährten, um die Juden zu nützlichen Mit-
gliedern der Gesellschaft zu machen. In den deutschen Staaten
hatte die Emanzipationsdiskussion mit Dohms Schrift zwar
früh eingesetzt, zeitigte zunächst aber kaum politische Folgen.
Dies lag mit an der politischen Zersplitterung Deutschlands,
die zu einem von Herrschaftsgebiet zu Herrschaftsgebiet verschiedenen Entwicklungspfad und -tempo der Emanzipation
führte. Versuche, die daraus resultierende verworrene Geset-
zeslage zu vereinheitlichen, scheiterten 1815 und 1848. Für
die deutschen Staaten sollte der wesentliche Anstoß zur politischen Umsetzung der Judenemanzipation von außen kommen: nämlich als Folge der Französischen Revolution und
der napoleonischen Kriege, die für Frankreich die sofortige
Gleichstellung der Juden als Staatsbürger brachten. Allerdings
ist es bezeichnend, dass auch dort in den Entscheidungen der
Konstituante am 21. und 23. Dezember 1789 den Juden gleiche bürgerliche Rechte noch mit knapper Mehrheit verweigert
wurden, während man sie der protestantischen Minderheit

und den unehrenhaften Berufen zuerkannte. Dies ging auf den Widerstand der katholischen Geistlichkeit und Abgeordneter aus dem Osten Frankreichs zurück, welche die Gefahr einer jüdischen Herrschaft einerseits, die eines Volksaufstandes gegen die Juden andererseits an die Wand malten. Dagegen sah man weniger Probleme, den stark assimilierten sephardischen Juden im Januar 1790 die volle Gleichberechtigung zu gewähren, während es noch bis zum September 1791 dauern sollte, bis sie für alle Juden beschlossen wurde. Der antiklerikale Geist der Revolutionäre begünstigte einerseits die Emanzipation der Juden, doch richtete sich die antireligiöse Politik der Jakobiner (1793/94) auch gegen das Judentum, es wurden Synagogen geschlossen, die Sabbatruhe verboten, Rabbiner entlassen. Vor allem im Osten Frankreichs gab es Befehle zur Verbrennung des Talmuds sowie Anträge der Volksvereine, die Juden auszuweisen. Napoleon führte die revolutionäre Tradition fort, obwohl er persönlich die Juden als eine «verfluchte Rasse» (race détestable) betrachtete, und berief 1806 eine Versammlung jüdischer Notabeln, um sich über die Lage der Juden zu informieren und über ihre «Régénération», also ihre Anpassung an die bürgerliche Gesellschaft (Zivilehe, Militärdienst, Unterdrückung des Wuchers, Neuorganisation des Kultus) zu verhandeln. Dies löste eine antijüdische und antinapoleonische Propaganda aus. Der judenfeindliche Druck vor allem in den östlichen Departements bewog Napoleon, 1808 die Freizügigkeit und Handelstätigkeit der Juden dort wieder einzuschränken («Infames Dekret»).

Die sofortige rechtliche Gleichstellung der Juden führte zunächst kaum zu ihrer politischen und sozialen Integration, da in der Restaurationsperiode der Katholizismus bis 1848 Staatsreligion blieb, was den Zugang zu höheren Staatsämtern und in die Verwaltung erschwerte. Eine Ausnahme bildete nur das Militär. Die Juden blieben auf Handel und Industrie als Auswegkarrieren verwiesen. Allerdings gab es in der Integration große Unterschiede zwischen den sephardischen und aschkenasischen Juden. Erstere und einige aus Deutschland zugewanderte Familien, wie die Rothschilds, Erbachs und Hirschmanns, spielten in der ersten Hälfte des 19. Jahrhunderts eine wichtige Rolle beim Aufbau des französischen Bankwesens und besaßen großen politischen Einfluss. Ihre herausgehobene Position als «Hofjuden» machte sie zur Zielscheibe juden-feindlicher Angriffe. «Les Juifs rois de l'époque. Histoire de la féodalité financière», lautete ein bezeichnender Buchtitel Alphonse Toussenels von 1845. Hier tritt uns ein spezifischer Zug des französischen Antisemitismus entgegen. Es waren ein-flussreiche linke Theoretiker, Saint-Simonisten und Frühsozia-listen wie Toussenel, Chirac und Fourier, die die jüdischen Bankiers als Stellvertreter des verhassten Finanzkapitalismus angriffen. Sie hatten nicht unwesentlichen Einfluss auf die spä-teren populistischen Denker der extremen, rassistischen Rech-ten, die antikapitalistisch waren und auf die Wiederherstellung des katholischen Frankreich hinarbeiteten.

In den deutschen Staaten kam es zu Emanzipationsgesetzen entweder durch den Import der französischen Gesetze im Zu-ge der Besetzung durch napoleonische Truppen oder durch die Reformen, die den nach den Kriegsniederlagen offenbar gewordenen Reformstau (wie in Preußen) beseitigen sollten. In den linksrheinischen deutschen Gebieten führte die Beset-zung nach dem Frieden von Campo Formio 1797 zur vollen Emanzipation der Juden nach französischem Muster. Mit dem Ende des Alten Reiches wurden unter dem Einfluss Frank-reichs zuerst in einigen Rheinbundstaaten Reformgesetze erlas-sen, in denen die wirtschaftliche und politische Gleichstellung der Juden ganz (in Westfalen, wo ab 1808 die Verordnungen des französischen Revolutionsdekrets von 1791 galten) oder mit Abstrichen realisiert wurde (1808 in Württemberg, 1809 in Baden, 1813 in Bayern). In Preußen kam es 1812 verbunden mit den Hardenbergschen Reformen zu einem von den Juden enthusiastisch begrüßten Edikt, das sie zu «Einländern und preußischen Staatsbürgern» machte. Dies bedeutete gleiche Steuern, Freizügigkeit, freie Berufswahl, Landbesitz und Zu-lassung zum Militärdienst, andererseits den Verlust bestimm-ter korporativer Gemeinderechte. Dieses Edikt wirkte sich vor allem positiv auf die Beteiligung der Juden an der Wirtschaft aus, während die politische Gleichstellung, vor allem nach der restaurativen Wende ab 1815 hinterher hinkte und die Diskriminierung auf Grund der überkommenen Vorurteile kaum nachließ. Dieser Reformschub kam mit dem Ende der napoleonischen Herrschaft zum Erliegen oder wurde gar zurückgeschraubt, denn der Wiener Kongress und die anschließende Phase der Restauration schufen mit ihrer anti-französischen, antiaufklärerischen, christlichen und romantisch-nationalen Orientierung ein für die weitere Judenemanzipation ungünstiges Klima. Bis auf einige Ausnahmen (Preußen, Bayern) hoben die meisten Bundesstaaten die unter Napoleon erreichte Gleichstellung der Juden wieder auf und kehrten zum Rechtsstatus des 18. Jahrhunderts zurück, so dass etwa in Lübeck und Bremen neu zugezogene Juden wieder ausgewiesen wurden. Eine Lübecker Bittschrift vom 31. Mai 1814 an Senat und Bürgerschaft beantragte, «die Bekenner der Mosaischen Religion aus den Ringmauern der Stadt zu vertreiben, ihre Läden zu schließen, und den Handel ihnen zu untersagen», und begründete dies wie folgt: Die Juden seien sittlich verdorben, lebten fast ausschließlich vom Schacher und Wucher, die unmoralischen Grundsätze ihrer Religion erlaubten es, die Christen zu betrügen, ihrem Eid sei kein Glauben zu schenken usw.

Nach dem Wiener Kongress gaben die Reformer zunächst ihre Bestrebungen zur Gleichstellung der Juden auf, da sie sich einem breiten Widerstand konfrontiert sahen, der vom Adel über die Kaufmannschaft und das kleinbürgerliche Handwerk bis zu den Bauern, von den Kirchen bis zu Teilen eines national gestimmten, gebildeten Bürgertums reichte. Für sie alle wurde die jüdische Minderheit zum Symbol der Schattenseiten des gesellschaftlichen und technischen Umbruchs. Diese heterogene «Koalition» mit durchaus widerstreitenden Interessen fand einen gemeinsamen Nenner in dem im Kampf gegen Napoleon erwachten Nationalbewusstsein, so dass bereits hier ein *nationaler Gegensatz* von Juden (als ein «fremder Stamm») und Deutschen konstruiert wurde, was manche als «Germanomanie» (Saul Ascher) und «Deutschtümelei» verspotteten. Mit dieser Ethnisierung und mit der Rolle der Juden

als «Antisymbol» (Arno Herzig) im gesellschaftlichen Um-
bruch finden wir bereits im Vormärz zwei Elemente des modernen Antisemitismus. Man darf nicht übersehen, dass schon
der christliche Antijudaismus das Judentum nicht als bloße
Religion betrachtete, sondern als nationale Entität (Nation,
Volk, Stamm). Der preußisch-westfälische Landrat Müllensie-
fen schrieb 1818 an seine Regierung: «Das mosaische Gesetz
ist nicht bloß ein religiöses, sondern ein politisches Gesetz
(...) Ihre Verfassung ist eine Theokratie (...) und sie können
der selben gemäß keinen Regenten, der nicht zu ihrem Volk
gehört, als ihren rechtmäßigen Souverän anerkennen. Auch
mit der vollständigen Gleichstellung des auserwählten Volkes
kann die israelitische Nation sich nicht begnügen. Ihr ist ver-
sprochen über alle Nationen zu herrschen, und sie erwartet
die Erfüllung dieser göttlichen Zusicherung bei Ankunft des
Messias.» Die jüdische Religion implizierte nach Auffassung
vieler, auch aufgeklärter Christen einen politischen Anspruch
auf Weltherrschaft sowie Religionshochmut, Intoleranz und
Hass gegen die Christen. Die Verweigerung einer Gleichstellung war in dieser Sicht ein Akt der Selbstverteidigung gegen
einen «mächtigen feindselig gesinnten jüdischen Staat, der mit
allen übrigen in beständigem Krieg stehe und fürchterlich
schwer auf die Bürger drücke», wie es Johann Gottlieb Fichte
1793 formuliert hatte. Die Emanzipationsgegner, darunter prominente Philosophen wie Christian Friedrich Rühs und Jakob
Friedrich Fries, Schriftsteller wie Ernst Moritz Arndt, verwiesen zu ihrer Legitimation auf die judenfeindliche Haltung der
Bevölkerung, die sich dagegen sträube, Christen und Juden
«in einem Volk zusammenzuschmelzen» (1817). Die zahlreichen, zum Teil gewaltsam ausgetragenen Konflikte, die sich
aus der Verleihung des Ortsbürgerrechts für Juden (und christliche Nicht-Ortsbürger) im Vormärz ergaben, deuten darauf
hin, dass die Ablehnung auch aus realen Interessenkonflikten,
etwa der Mitbenutzung der Almende oder der Belastung der
Gemeindekasse durch die Armenfürsorge resultierte. Insgesamt wurde die in den Emanzipationsgesetzen postulierte allgemeine Gleichstellung der Juden in fast allen Staaten (Baden,

Bayern, Preußen) durch zahlreiche Einschränkungen, vor allem was die Niederlassungsfreiheit, das Ortsbürgerrecht und den Freihandelsstatus anging, eingeschränkt, so dass in dieser Zeit viele Juden vor allem aus Bayern und Posen in die USA abwanderten. Zum Teil nutzte man von staatlicher Seite diese Einschränkungen, um die Unruhe in der Bevölkerung zu besänftigen, die im Zuge von Reformen entstanden war. Die Juden wurden somit zu «Sündenböcken» für die Probleme einer «defensiven Modernisierungspolitik».

Die Abwehr der Judenemanzipation blieb nicht auf literarische Debatten mit ihren giftigen antijüdischen Angriffen wie im Jahre 1803, auf Petitionen und politische Entscheidungen begrenzt, sondern nahm bisweilen gewaltsame Formen an. 1819 brachen in Würzburg die nach dem antijüdischen «Hep-Hep»-Ruf benannten Unruhen aus, denen in vielen deutschen Städten Ausschreitungen folgten. Dieser Ausbruch von Gewalt, in dem Juden tätlich angegriffen, ihre Häuser mit Steinen attackiert und geplündert wurden, schreckte die Zeitgenossen auf, die darin ein «mittelalterliches» Phänomen wiederaufleben sahen, das nicht in die aufgeklärten Zeiten zu passen schien. Während der revolutionären Unruhen 1830 und 1832 sowie in der Zeit vor der Märzrevolution 1848 gab es immer wieder teils politisch, teils volksreligiös von Ritualmordgerüchten motivierte antijüdische Gewalt. Waren die Unruhen zumeist von Kleinkrämern und Zunfthandwerkern getragen, so gab es im Zuge der Agrarreform auch antijüdische Protestaktionen unterbäuerlicher Schichten, die sich gegen jüdische Geldverleiher richteten.

Der Tenor vieler Gutachten, Landtagsdebatten und öffentlichen Auseinandersetzungen im Vormärz spiegelt das christliche Selbstschutzinteresse und die Unfähigkeit, den Juden den für ihre Integration nötigen Vertrauensvorschuß zu gewähren, wie es Frankreich und die USA mit ihrer revolutionären Lösung gewagt hatten. Die Fortschritte in der Emanzipationsgesetzgebung blieben minimal, da ihre Tendenz dahin ging, nicht die Lage der Juden zu verbessern, sondern sie «dem Lande so wenig schädlich als möglich zu machen». Immer wie-

der ist das Bedauern spürbar, die Juden im Zeitalter der Aufklärung nicht mehr vertreiben zu können, sondern sie integrieren zu müssen.

Was das Zusammenleben von Juden und Christen jenseits
der politisch-ideologischen Kämpfe anging, so blieben die jüdischen Salons des späten 18. Jahrhunderts, in denen sich ein
kleiner Kreis gebildeter Männer und Frauen traf, eine Episode.
Die Bemühungen akkulturierter Juden, Eintritt in die Kreise
gleichgesinnter Deutscher zu finden, verliefen meist erfolglos,
überkommene Vorurteile erschwerten den Zugang. Die Tatsache, dass das Bürgertum im Zuge der napoleonischen Kriege
Träger des neuen Nationalismus wurde, verstärkte die Aus-
schlusstendenz, auch wenn viele Juden ihren Patriotismus in
den Befreiungskriegen unter Beweis gestellt hatten. Vor allem
die radikale nationale Bewegung in den Turnvereinen und
Burschenschaften vertrat einen exklusiven Nationalismus, der
Ausländern (insbesondere Franzosen) und Juden feindlich begegnete. Die Romantik mit ihrer Betonung von Volksgeist und
Nation verstärkte im Vergleich zur weltbürgerlichen Aufklärung die kulturelle Ausgrenzung. Integrationsbereite Juden
stießen andererseits auch auf innerjüdische Vorbehalte, so
dass manche die Lösung in der Taufe sahen, um ein «Entrée-
billet in die bürgerliche Gesellschaft» zu erlangen, wie es
Heinrich Heine formulierte. So waren die frühen Jahrzehnte
des 19. Jahrhunderts eine «Zeit der Ernüchterung» (Shulamit
Volkov), da Juden weder über Besitz noch über Bildung oder
Taufe der volle Eintritt in die deutsche Gesellschaft gelang.
Die Mehrheit setzte dann auf den Weg weit reichender Akkulturation verbunden mit begrenzter Integration.

Anders verlief die soziale Integration der Juden in Frankreich, da öffentliche Meinung und gebildetes Bürgertum nach
1815 Judenfeindschaft, trotz der Widerstände von frühsozialistischer Seite und von Seiten der katholischen Kirche, als
«veraltetes Vorurteil» ablehnten. Durch die Revolution war
eine Verbindung von Republikanismus und Laizismus ge-
knüpft worden, so dass sich in Frankreich weder die Idee des
christlichen Staates noch ein rein ethnisch definiertes Bewusst-

sein nationaler Identität durchsetzen konnten. So wurde 1831 die jüdische Religion den christlichen Kirchen gleichgestellt und das Gehalt der Rabbiner vom Staat gezahlt. Für die Republikaner waren die Juden ein Bündnispartner gegen den Katholizismus und die Monarchisten. Die meisten Juden passten sich schnell an die französische Kultur an (nur in Elsass-Lothringen verlief die Akkulturation schleppender), sprachen Französisch und fanden Zugang zu den Künsten und freien Berufen. Dieser Integrationserfolg, der sich in Konversionen, Mischehen und Erfolgen der christlichen Mission manifestierte, bedeutete Mitgliederverluste für die jüdischen Gemeinden. Um 1840 hatten die Juden den Eintritt in das politische und ökonomische Leben Frankreichs geschafft, damit um einige Jahrzehnte früher und weniger umkämpft als in Deutschland oder gar in Osteuropa. Ab 1848 nahmen sie wichtige Stellungen als Minister, Bankiers usw. ein, was sie zum Ziel frühsozialistischer Angriffe machte, die allerdings durch die repressive Politik der Regierung gegenüber der frühsozialistischen Bewegung eingedämmt wurden. Als politisches Mittel spielte Antisemitismus von Regierungsseite keine Rolle mehr. Dennoch lebten antijüdische Vorurteile vor allem auf dem Lande und im Katholizismus fort und traten etwa in den Ausschreitungen während der 1848er Revolution in Elsass-Lothringen zu Tage.

Anders als in Preußen und Österreich, die sich im Übergang von einer ständisch-feudalen zu einer bürgerlichen Gesellschaft befanden, löste das Hinzukommen der Juden im Zarenreich zunächst keine Emanzipationsdebatte aus. Nach John Klier basierte die Haltung zu Juden, ob gleichgültig, feindselig oder freundlich, auf «naiver Ignoranz». Die Regierung beließ es für alle Bevölkerungsgruppen in den neu erworbenen Gebieten beim *status quo* und versuchte nur zögernd, die Juden in die soziale Struktur des Reiches einzufügen, so dass sie bis 1844 eine autonome Gruppe mit einem eigenen Exekutivorgan (Kahal) bildeten. Es war noch offen, wie sie in das russische Ständesystem (soslovie) eingefügt werden könnten. Nach 1790 und 1793 bekamen die Juden das Recht, sich in den neu gewonne-

nen Provinzen im Südwesten Russlands niederzulassen, die
zusammen mit Litauen, der östlichen Ukraine, Weissrussland
und zehn Provinzen des Königreichs Polen den «Ansiedlungsrayon» bildeten, der jedoch nicht als eine Art von Ghetto verstanden werden darf, da auch andere Gruppen kein Recht auf
Freizügigkeit besaßen.

Um die Situation der Juden im Zarenreich des späten 18.
und des 19. Jahrhunderts zu verstehen, ist zu bedenken, dass
es eine autokratische Monarchie war, in der die Untertanen
keine natürlichen Rechte besaßen. Ihr Machtmonopol haben
die Zaren in viel geringerem Umfang an den Adel oder den
Klerus abgetreten als im übrigen Europa, geschweige denn an
ein städtisches Bürgertum. Also nicht nur die Juden, sondern
alle Untertanen waren willkürlichen Entscheidungen des
Zaren unterworfen. Das Bild einer gezielten Bedrückungspoli-
tik ist irreführend, denn der russische Staat handelte – wenn
man den russischen Schriftstellern Glauben schenken darf –
ineffizient, unkoordiniert und wenig rational. Die Judenpolitik folgte zwar grundsätzlich dem Emanzipationsmodell einer
schrittweisen Gewährung von Rechten, wurde aber noch in-
konsequenter, mit mehr Elementen von Zwang und finanziel-
ler Ausbeutung sowie mit mehr Rückschlägen praktiziert als
etwa in den deutschen Staaten, vor allem weil die Interessen
der christlichen Bevölkerung Vorrang hatten. Antijüdische
Maßnahmen waren oft Einzelentscheidungen, und generelle
Entscheidungen konnten für Juden nicht intendierte negative
Konsequenzen haben. Eine rechtliche Neubestimmung des
Verhältnisses von modernem Staat und den Juden als Staatsbürgern und nicht als korporative Gruppe konnte es in Russland vor 1905 nicht geben, da es bis dahin überhaupt keine
«Staatsbürgergesellschaft» gab, in die Juden als einzelne hät-
ten integriert werden können.

Eine erste, am österreichischen und preußischen Modell orientierte Reformgesetzgebung zur «Verbesserung» der Juden
entstand mit dem 1804 erlassenen «Judenstatut» unter Zar
Alexander I. (Regierungszeit 1801–1825), das auch nötig geworden war, weil es in vielen Städten zu heftigen Konflikten

bei der Ausübung des Wahlrechts seitens der Juden gekommen war. Zur «Verbesserung» der Juden kombinierte es Elemente von Reform und Kontrolle: es brachte Rechtsgleichheit, Religionsfreiheit, Besuch staatlicher Schulen (erlaubte
aber unter Auflagen auch den Besuch jüdischer Schulen), Zugang zu bäuerlichen Berufen (Landerwerb), Handwerk und
Unternehmen, womit sich Produktivierungs- und Umerzie-
hungshoffnungen verbanden. Für Dokumente wurde der Ge-
brauch des Jiddischen verboten. Vor allem durch den Verzicht
auf die Auflösung der von russischen Politikern als obstruktiv
eingeschätzten Kahal wurde die gesellschaftliche Sonderexistenz der Juden prolongiert und die Chance für eine wirkliche
Integration konterkariert. Die Integrationspolitik fand ihre
Grenze im Schutz der Landbevölkerung vor den «schädlichen
Einflüssen» der Juden. Dies sollte das zentrale Anliegen zaristischer Politik bleiben. Deshalb erneuerte das Statut eine Bestimmung, die Städtern seit 1782 verbot, in Dörfern zu woh-
nen und Spirituosenhandel zu treiben. Diese Bestimmung traf
Juden besonders hart, da sie zumeist auf der Basis ihrer städtischen Berufe in die Klassen (soslovie) der «Kaufleute» oder
«Stadtbürger» eingruppiert waren, obwohl sie mehrheitlich als
Händler, Gastwirte oder Bedienstete auf dem Lande, auf ade-
ligen Gütern oder im Schtetl lebten. Juden behielten in der
ständischen Körperschaftsstruktur eine Sonderstellung, da sie
zugleich Mitglied der autonomen jüdischen Gemeinde und
einer *Soslovie* waren, der sie individuell zugehörten. Das ge-
nannte Verbot hatte katastrophale Auswirkungen nicht nur für
die jüdischen Gastwirte und Brauer, sondern auch für Handel
und Wandel auf dem Lande. Bereits 1808 wurde es deshalb
wieder aufgehoben, in den 1820er Jahren gab es jedoch wieder zahlreiche Umsiedlungen von Juden aus ländlichen Regionen.

Das «Judenstatut» hatte nur geringe Wirkung, da die Regierung weder Aufmerksamkeit noch Geld und Personal einsetzte, um die angestrebten Umschichtungen zu erreichen.
Auch auf jüdischer Seite fehlte eine komplementäre Reformbewegung, die Juden blieben traditionsverhaftet, schickten

ihre Kinder nicht in die öffentlichen Schulen und fanden aus
der Armut nicht heraus. Die Widersprüche zaristischer Politik
dauerten in der Regierungszeit Nikolaus I. (1825–1855) fort,
der die Emanzipation eher mit Drohung und Zwang durchsetzen wollte. Immerhin wurden die Juden als «geborene Untertanen» den allgemeinen Gesetzen insoweit unterworfen, als
nicht spezielle Ausnahmen für sie galten. Das «Judenstatut»
von 1835 bestätigte die Prinzipien von 1804 und zielte darauf,
die Juden sozial, politisch und ökonomisch «unschädlich» zu
machen. Neu war nur ihre Beteiligung an der örtlichen Selbstverwaltung, was zu Protesten der betroffenen Gemeinden führte, so dass Juden von bestimmten Ämtern ausgeschlossen wurden und ihre Repräsentation in öffentlichen Körperschaften
auf ein Drittel begrenzt blieb. Einschneidende Wirkung auf die
Juden hatte die Ausweitung der Wehrpflicht auf alle Volks-
gruppen im Jahre 1827 (bis 1856 in Kraft), wonach sie für
25 Jahre zur Armee eingezogen werden konnten. Das Gesetz
hatte keine antijüdische Stoßrichtung, führte jedoch für junge
Juden zu einer brutalen Russifizierung und Christianisierung
und für die Minderheit zu einem demographischen Desaster
sowie zu inneren Spannungen, da nach der 1851, trotz Protesten im Zarenreich und in Westeuropa, eingeführten Kategori-
sierung der jüdischen Erwerbstätigen in «Nützliche» (Kaufleute, Handwerker, Bauern) und «Nutzlose» die erste Kategorie vom Militärdienst ausgenommen war, während die
armen «nutzlosen» Juden überhöhte Quoten stellen mussten
und ihnen zudem die Umsiedlung vom Land in die Stadt drohte. Viele wohlhabende Juden versuchten sich von der Gemeinde
zu trennen, was zur sozialen Polarisierung in verarmte jüdische Massen und eine wohlhabende Bourgeoisie führte. Seit
den 1840er Jahren unterstützte die russische Regierung die
modernistische jüdische Aufklärung (maskilim), so dass eine
selbstbewusste, säkularisierte Intelligenzschicht entstand, die
auf innere Reformen des Judentums drängte.

1844 wurde die Kahal abgeschafft, doch bedeutete dies
nicht die völlige Aufhebung der Autonomie der Gemeinden.
Obwohl Juden Zugang zu den allgemeinen Gerichten hatten,

der Polizei unterstanden und Steuern an die politischen Gemeinden zahlten, behielten die Gemeinden anders als in West- und Mitteleuropa wichtige Funktionen: die Einziehung von Steuern, Bereitstellung der Rekruten und die rabbinischen Gerichte. Dies festigte ihren Minderheitenstatus und führte in Russland – gespeist durch das «Buch über die Kahal» des jüdischen Konvertiten Jakob Brafman – zur Herausbildung einer Verschwörungstheorie, die in den Kehillot das Netzwerk einer antirussischen Verschwörung sah. Insofern war die Russifizierungspolitik gegenüber den Juden ein Fehlschlag, auch wo man eine Assimilation durch Verbote (traditioneller Kleidung) oder Zwang (Besuch staatlicher Schulen) erzwingen wollte.

Der «Zickzackkurs der rechtlichen Gleichstellung» in der ersten Hälfte des 19. Jahrhunderts spiegelt also für Russland wie für die deutschen Staaten einerseits den (begrenzten) Reformwillen der Regierungen, andererseits die Ablehnung weiter Kreise der Bevölkerung und der Kirchen. Damit entstand der Eindruck eines schwer lösbaren Problems, für das Ende der 1830er Jahre in Deutschland der Begriff «Judenfrage» geprägt wurde.

In den deutschen Staaten bildete sich jedoch anders als in Russland, angeschoben durch die Dynamik des wirtschaftlichen und technischen Wandels seit den dreißiger Jahren des 19. Jahrhunderts, innerhalb des liberalen Bürgertums eine breite Bewegung für eine völlige Emanzipation der Juden, die zu einer «Frage des Prinzips», zu einem Teil des liberalen Sturmlaufs gegen das ganze reaktionäre Staatssystem wurde (so stimmte der Landtag in den Rheinprovinzen 1843 für die Aufhebung aller Restriktionen für Juden), der in der Revolution von 1848 kulminierte. Diese sollte «fundamentale Rechte für alle Deutschen bringen, nicht abhängig sein von der Religion». Diese Proklamation der Nationalversammlung, in deren Reihen auch Juden wie Gabriel Riesser und Berthold Auerbach standen, war jedoch nach dem Scheitern der Revolution Makulatur, vielmehr folgte eine Phase der Reaktion, in der die Staaten bei ihrer traditionellen Judenpolitik blieben, was die Billigung der Bevölkerung fand. In Bayern gab es

1849/50 80000 Petitionen gegen die Gleichstellung der Juden, so dass die Bayrische Kammer den neuen Gesetzentwurf
ablehnte. Die Jahre ab 1847 sahen im Kontext revolutionärer
Ausschreitungen in Baden, Hessen, Oberschlesien und Posen
auch Gewalt gegen Juden.

Während die politische Gleichstellung der Juden durch die
restaurativen Tendenzen des Vormärz und der Reaktion nach
1848 hinterher hinkte, ging ihre ökonomische Emanzipation
schnell voran und veränderte die soziale Struktur des deutschen Judentums in dramatischer Weise. Es entstanden ein
Großbürgertum und eine breite Mittelschicht, während die
verarmte alte «Unterklasse» schrumpfte, was z. T. allerdings
auf deren Auswanderung in die USA zurückging. Mit ihrer
sozialstrukturellen Modernisierung spielten die Juden eine
Vorreiterrolle. Gerade dieser ökonomische Aufstieg, begleitet
von einer kulturellen und sozialen Integration, sollte eine
nicht unerhebliche Rolle im modernen Antisemitismus spielen,
für den die erfolgreichen Juden zum Symbol der bekämpften
Moderne wurden.

Ab den 1860er Jahren wurde dann die rechtliche Gleichstellung fast ohne Kontroversen und laute Opposition durchgesetzt, was nicht bedeutet, dass die Judenemanzipation po-
pulär war. Sie wurde jedoch als notwendiger Teil einer um-
fassenden liberalen Gesetzgebung angesehen, wobei allenfalls
der Zeitpunkt und die Opportunität umstritten blieben. Un-
terstützend hat hier der «Gründerjahre-Boom» seit 1867 ge-
wirkt. Die Juden erreichten schließlich 1869 im Deutschen
Bund die volle Gleichstellung, 1870/71 dann im neu gegründeten Deutschen Reich. In dieser Hochphase des Liberalismus
verschwand die Judenfeindschaft nicht, trat aber in den Hintergrund.

Im Zarenreich brachte die Regierungszeit Zar Alexanders II. von 1855–1881 tiefgreifende innere Reformen, wobei
angesichts der großen Not der jüdischen Bevölkerung «die jüdische Frage» öffentliche Bedeutung gewann. Der Zar hob
das System der Zwangsrekrutierung auf, erlaubte reichen
Kaufleuten, Freiberuflern und Studenten (1865 erweitert auf

Handwerker, Mechaniker, Graduierte höherer Fachschulen), außerhalb des Ansiedlungsrayons zu leben, und lockerte die Zensurbestimmungen. Aber selbst dieser Reformzar, der 1861 die Leibeigenschaft aufhob, hatte nicht vor, Russland nach westlichem Muster zu reformieren, also individuelle Rechte zu verleihen und korporative Gruppen in tatsächlich autonome Körperschaften zu transformieren. Dennoch entstand in seiner Regierungszeit in den großen Städten eine säkularisierte und russifizierte jüdische Intelligenz, die in die staatlichen Schulen und Universitäten eintrat (1885: 14,5 % aller Studenten) und freie Berufe wie Rechtsanwalt, Arzt, Bankier, Journalist oder Ingenieur ergriff, da ihnen höhere Ränge im Staats- und Militärdienst sowie an den Universitäten versperrt blieben. Aufstieg und Berufsprofil der Juden riefen seit den 1870er Jahren in konservativen, slawophilen Kreisen judenfeindliche Reaktionen hervor, die sich gegen diese assimilierten Juden wandten und sie mit den Anschuldigungen aus dem Repertoire des modernen Antisemitismus bedachten: Ausbeutung der russischen Massen, Okkupation der ökonomischen und kulturellen Macht, «Staat im Staate». Hinzu kam, dass diese liberale jüdische Intelligenz zu den staatsfeindlichen Revolutionären gerechnet wurde, die gegen das autokratische Regime kämpften. Während im übrigen Europa um 1870 die Judenemanzipation abgeschlossen war, begann nach der Ermordung Alexanders II. 1881 unter seinem Sohn eine neue, ähnlich wie in anderen europäischen Ländern nationalistisch geprägte Politik mit negativen Rückwirkungen auf den Status der Juden, so dass die völlige staatsbürgerliche Gleichstellung der Juden erst mit dem Ende des Zarismus 1917 erreicht wurde.

Tempo und Erfolg der Judenemanzipation waren, wie der vorstehende Vergleich zeigt, in hohem Maße davon abhängig, wie sich eine bürgerlich-liberale Gesellschaft gegenüber einem autokratischen, ständischen Staat durchsetzen konnte und welches demographische Gewicht die Juden hatten. Westeuropäische Staaten wie Frankreich, England oder die Niederlande boten den Juden früh Akkulturationschancen, während das aufgeklärt-etatistische Modell einer schrittweisen, an den Fortschritt der Minderheit geknüpften Gleichstellung in der deutschen Kleinstaaterei, retardiert durch Phasen der politischen Restauration nach 1815 und 1848 und einen schwierigen Prozess des nation-building, den rechtlichen Emanzipationsprozess über ein Jahrhundert hinzog. Dennoch vollzog sich in Deutschland ein rasanter sozialer Aufstieg der jüdischen Minderheit, die sich in hohem Grad an die deutsche Gesellschaft akkulturierte und Ende des 19. Jahrhunderts geradezu als Muster einer gelungenen Emanzipation in Europa galt. In Russland behinderte neben der verlangsamten Modernisierung und dem autokratischen Zuschnitt des Zarismus auch die Größe, Struktur und starke Selbstbehauptung der jüdischen Minderheit eine erfolgreiche Integration. Der Unterschied zwischen der evolutionären Entwicklung und dem «revolutionären» Weg darf in seiner Wirkung auf die Einstellung zu den Juden nicht überzeichnet werden, denn wir finden in Frankreich wie in Deutschland und im Zarenreich ab den 1870er Jahren in vielen Bevölkerungsgruppen einen ausgeprägten Antisemitismus.

III. Antisemitismus im Zeitalter des Nationalismus

Trotz ganz unterschiedlicher Wege der Modernisierung und Integration der Juden entwickelte sich seit den 1870er Jahren in vielen europäischen Ländern eine neue Form der Judenfeindschaft, für die sich schnell der Begriff Antisemitismus durchsetzte. Sie ist verbunden mit einer Wendung von einem liberalen und demokratischen Nationalismus hin zum Chauvinismus mit irredentistischen, xenophoben Formen und einem imperialistischen Großmachtdenken. Es entstanden antisemitische Parteien oder Bewegungen, früh im Deutschen Reich, in Frankreich und im Kaiserlichen Österreich, später auch in Russland, Ungarn, Rumänien und Polen. Antisemitismus erwies sich als ein geeignetes Mittel politischer Agitation, das fast vom gesamten politischen Spektrum genutzt wurde, von den Frühsozialisten und Katholiken in Frankreich, über christlich-soziale und konservative Strömungen in Deutschland und Österreich bis hin zu Bauernbünden und extrem nationalistischen bis präfaschistischen Bewegungen, wie den Schwarzhunderten in Russland, Endeks in Polen, dem Alldeutschen Verband, der jungtschechischen Bewegung. Antisemitismus hielt auf verschiedenen Wegen Einzug in die Massenpolitik in West- und Mitteleuropa, in Osteuropa sogar in die autoritäre Regierungspolitik. Er war Ausdruck von Spannungen und Krisen dieser Politik, die ganz unterschiedliche Ursachen haben konnten: ethnische Konflikte, hohe soziale Mobilität, ökonomische Probleme, politische Machtkämpfe und raschen kulturellen und sozialen Wandel. Es hing von der Schärfe und Dauerhaftigkeit dieser Krisenphänomene und vom Einfluss politischer Gegenkräfte ab, ob Antisemitismus als Oppositionsbewegung marginal blieb oder sich zu einer verbreiteten Weltanschauung entwickelte.

Politisierung und Organisationsbildung betreffen die äußere Seite des modernen Antisemitismus, die innere betrifft den mit der Wortneuschöpfung signalisierten inhaltlichen Wandel. Zwar wirkte die religiöse Unterfütterung durch den christlichen Antijudaismus weiter, und kirchliche Milieus waren oft Treibhäuser der Judenfeindschaft, doch nahm diese nun eine nationalistisch-xenophobe Form an, die dann rassentheoretisch begründet und zu einer «Weltfrage» zugespitzt werden konnte, wie ein Programmpunkt der Antisemitischen Deutsch-Sozialen Partei von 1889 zeigt: «Sie (die Partei, W.B.) sieht in der Judenfrage nicht nur eine Rassen- oder Religionsfrage, sondern eine Frage internationalen, nationalen, sozialpolitischen und sittlich-religiösen Charakters». Diese Formulierung offenbart den komplexen weltanschaulichen Charakter des Antisemitismus. Das Schlagwort von der «Judenfrage als Racen-, Sitten- und Culturfrage» (so Eugen Dühring 1881) machte Karriere und suggerierte die Existenz eines dringlichen gesellschaftlichen Problems. Das eigentliche Problem, die als krisenhaft erlebte Modernisierung, wurde so auf die Juden projiziert, die ihr sozialer Aufstieg zum Symbol der Moderne machte. Mit der Forderung nach Rücknahme der Emanzipation versuchte der Antisemitismus die allgemeine Krise zu überwinden. Seine Entwicklung zur modernen Weltanschauung ruhte auf dem Fundament des Antijudaismus sowie auf den im Kampf gegen die Judenemanzipation seit 1780 entwickelten antijüdischen Vorstellungen. Wie die sich rasch in Europa durchsetzende Begriffsbildung «Antisemitismus» zeigt, war Deutschland zwar das Zentrum der neuen ideologischen Entwicklung und judenfeindlichen Mobilisierung, doch diese waren nicht auf das Deutsche Reich begrenzt.

Das deutsche Kaiserreich

War die Judenfeindschaft in der vom Liberalismus geprägten wirtschaftlichen Aufschwungphase zwischen 1848 und der Reichsgründung in den Hintergrund getreten, so kam es mit der als Gründerkrise bezeichneten Depression von 1873–79 und dem Kulturkampf zu einer antiliberalen Wende, für die Bismarcks Kurswechsel von den Nationalliberalen zum Konservatismus stand. Die Wirtschaftskrise mit über 20 % Arbeitslosen und ihrer Wirkung auch auf die Mittelschichten diskreditierte den Liberalismus, der nun als «jüdisch» geschmäht wurde. Es setzte eine Ernüchterung über die negativen Folgen der Hochindustrialisierung ein (Mechanisierung, Proletarisierung, Vermassung), die das Interesse an zivilisationskritischen Strömungen weckte. Diese Krise traf den noch jungen Nationalstaat, so dass sich eine in der Tradition der deutschen Romantik stehende völkische Integrationsideologie herausbildete, die in dieser Phase nicht nur die kosmopolitischen Juden ausgrenzte, sondern auch die ultramontanen Katholiken und die internationale Arbeiterbewegung als «Reichsfeinde» brandmarkte.

In dieser Depressionsphase erschienen Mitte der siebziger Jahre parallel in der protestantisch-konservativen «Kreuzzeitung» und in der katholischen «Germania» Artikelserien ge-

gen den «jüdischen Wirtschaftsliberalismus», und eine von
Otto Glagau, einem dem Zentrum nahe stehenden Journalisten, in der gemäßigt liberalen Familienzeitschrift «Gartenlau-
be» (Auflage 382 000) publizierte antisemitische Artikelreihe
griff die Juden nicht nur als «die wüthendsten Culturkämpfer»
sowie als Börsianer und Gründungsschwindler an, sondern
forderte auch ein Ende der «falschen Toleranz»:

«Ich will die Juden nicht umbringen oder abschlachten, sie auch
nicht aus dem Lande vertreiben, ich will ihnen nichts nehmen, von
dem, was sie einmal besitzen, aber ich will sie revidiren, und zwar
funditus revidiren. Nicht länger dürfen falsche Toleranz und Senti-
mentalität, leidige Schwäche und Furcht uns Christen abhalten, gegen die Auswüchse, Ausschreitungen und Anmaßungen der Judenschaft vorzugehen. [...] Sie führen thatsächlich die Herrschaft über
uns [...] Die Weltgeschichte kennt kein zweites Beispiel, dass ein
heimatloses Volk, eine physisch wie psychisch entschieden degene-
rierte Race, blos durch List und Schlauheit, durch Wucher und Schacher über den Erdkreis gebietet» (Berlin, 1876).

Die zentralen Elemente des Antisemitismus sind hier verknüpft:
Vorwürfe von wirtschaftlicher Ausbeutung, weltweiter Herrschaft und schlechten Rassenmerkmalen, verbunden mit dem
Aufruf zur Revision der Emanzipation und Eingrenzung des
Handlungsspielraums für Juden. Die Publikation dieser Angriffe in konfessionellen Zeitschriften zeigt überdies, dass die Juden als Träger des Liberalismus zu den Gegnern der christlichen Kirchen gerechnet werden. Es sollte denn mit Adolf
Stoecker ein protestantischer Hofprediger sein, der zum Be-
gründer der antisemitischen Bewegung wurde. Er hatte 1878
die «Christlich-soziale Arbeiterpartei» gegründet, um den Sozialdemokraten die Arbeiterschaft abspenstig zu machen. Dies
mißlang, doch eröffnete Stoecker mit dem eher überraschenden
Erfolg seiner Reden zum Judentum in den unteren Mittelschichten im September 1879 eine breite öffentliche Diskussion
über die Stellung der Juden in Deutschland und entdeckte
damit den Antisemitismus als probates Mittel parteipolitischer
Agitation. Unterstützung fand er bei dem angesehenen, vormals liberalen Historiker Heinrich von Treitschke, der in sei-

nem berühmten Aufsatz «Unsere Aussichten» die antisemitische Bewegung rechtfertigte und die «Judenfrage» zu einem nationalen Problem erklärte, denn die Juden seien kein «unglückliches Volk» mehr, sondern «unser Unglück». Auf Grund des germanisch-christlichen Charakters der Nation konnte es für ihn nur eine totale Assimilation der Juden geben: «Wir wollen nicht, dass auf Jahrtausende germanischer Gesittung ein Zeitalter deutsch-jüdischer Mischkultur folge.»

Diese Forderung hatte faktisch ausschließende Wirkung, insbesondere wenn man die Zugehörigkeit rassisch definierte. Der Aufsatz kündigte den liberalen Konsens auf und erzeugte eine Polarisierung des intellektuellen Lebens – darin der Dreyfus-Affäre in Frankreich vergleichbar –, da Treitschke neben breiter Zustimmung auch scharfe Kritik erntete. Im sog. «Berliner Antisemitismusstreit» warf ihm sein berühmter Historikerkollege Theodor Mommsen, dem sich in einer öffentlichen Erklärung 75 Wissenschaftler und Prominente anschlossen, vor, seine Verantwortung als Publizist und Hochschullehrer verletzt und die antisemitische Bewegung hoffähig gemacht zu haben, die er als eine «Missgeburt des nationalen Gefühls» ablehnte. In der Kritik an der «Sonderexistenz der Juden» stimmte Mommsen jedoch mit Treitschke überein. Treitschkes Schrift hatte langfristig die fatale Wirkung, die Ausbildung eines sich vom «Radauantisemitismus» absetzenden «gutbürgerlichen Antisemitismus» zu fördern. Das Neue des Antisemitismus lag in seinem Charakter als soziale und kulturelle Bewegung, in der Berufung auf den Volkswillen, in der Rhetorik von der Befreiung vom Judentum als Lösung aller Probleme und in der Legitimation durch «wissenschaftliche» Theorien und historische «Argumente». Mit der Verknüpfung nationaler und christlicher Vorstellungen entwickelte sich der Antisemitismus zu einer allgemeinen Weltanschauung, die die Juden als «Symbol der Zeit» (Theodor Barth) benutzte, das für die als bedrohlich erlebten Züge der Modernität insgesamt stand: für Kapitalismus, Sozialismus, Demokratie, Atheismus, Materialismus, Kosmopolitismus, Entsittlichung usw. Mit dieser Generalisierung der «Judenfrage» wurden politische, soziale und ökono-

mische Interessengegensätze aus ihrem Kontext gelöst und zu
einem prinzipiellen Gegensatz von Deutsch-/Germanentum vs.
Judentum gemacht.

Stoecker befand sich mit seinem unerwarteten Erfolg plötz-
lich an der Spitze einer breiten Bewegung, die von Teilen der
Judenmission bis hin zum Rassenantisemitismus reichte. Die
frühe «Berliner Bewegung», die als soziale Reformbewegung
auf die Organisation der ökonomisch bedrohten unteren
Mittelschichten zielte, war monarchistisch und konservativ-
christlich orientiert, von radikalen Antisemiten deshalb als
«Taufbecken-Antisemitismus» verspottet. Neben der Christlich-sozialen Partei Stoeckers (1878–1918), die von 1881 bis
1896 als selbständige Gruppe der Deutschkonservativen Partei angehörte, bildeten sich ab 1879 um einzelne Agitatoren
radikale antisemitische Splittergruppen, etwa Wilhelm Marrs
«Antisemitenliga» von 1879, die politisch eher dem freisin-
nigen Lager zuzurechnen waren. Dieser Strang der Bewegung,
von radikalen jungen Leuten getragen, war für die Ausbildung eines spezifisch völkischen Antisemitismus bedeutsam,
da er aufgrund eines sich explizit antichristlich und wissenschaftlich verstehenden Ansatzes die religiöse und soziale «Judenfrage» in eine «Rassenfrage» umdefinierte. Diese Vorläufer
des ideologischen Rassenantisemitismus fanden zunächst wenig Resonanz, da der Rassenbegriff wissenschaftlich ungesi-
chert war und einen negativen, materialistischen Beiklang
hatte. Die Spannung zwischen dem christlich-nationalen Antijudaismus, vor allem von konservativen Protestanten mit
Verbindung zur Aristokratie vertreten, und dem antichristlich-
rassistischen Antisemitismus der politisch radikalen Radau-
und Rassenantisemiten wie Hermann Ahlwardt, Ernst Hen-
rici, Otto Böckel, deren Agitation wie 1881 in Neustettin antijüdische Ausschreitungen auslösen konnte, bestimmte die
Geschichte des Antisemitismus bis zur Jahrhundertwende und
verhinderte eine wirksame ideologische und organisatorische
Vereinigung der in eine Vielzahl von Vereinen und kleinen
Parteien mit oft neutralen Namen wie «Deutscher Bürger-
verein», «Deutscher Reformverein» oder «Sozialer Reichsver-

ein» differenzierten «Szene». Die Antisemiten wollten Antisemitismus aber nicht primär als Parteifrage behandelt wissen: «Ob Jemand fortschrittlich, conservativ oder Anhänger des Centrums ist, kann uns vollständig gleichgültig bleiben; für uns genügt es vorläufig, dass er ‹Antisemit› ist». Aufgrund der gegensätzlichen Auffassungen in ökonomischen, sozialen und religiösen Fragen kam die erstrebte Aktionsgemeinschaft aller «Gesinnungsgenossen» auch auf den internationalen Antisemiten-Kongressen 1882, 1883 und 1886, an denen Delegierte aus Deutschland, Österreich, Ungarn, Russland, Frankreich und Serbien teilnahmen, nicht zustande. Auch die Zusammenschlüsse zur «Allgemeinen Vereinigung zur Bekämpfung des Judentums» (1883) und zum «Deutschen Antisemitenbund» im Jahre 1884 (1885: 975 Mitglieder, 1890: 221 Mitglieder) konnten die Differenzen nicht überdecken. Ab 1882 flaute der Antisemitismus als politische Bewegung für einige Zeit ab, da er sich als unfähig zu konstruktiver Politik erwiesen hatte.

Es begann jedoch eine Phase der Infiltration und des Einsickerns in andere Organisationen und Parteien sowie der Kleinarbeit zur Gewinnung von Anhängern in kleinen Zirkeln, die oft von jungen Leuten geleistet wurde, die später den Antisemitismus in ihre Berufsverbände und Kulturvereinigungen tragen sollten (Pfarrvereine, Schulen). In den achtziger Jahren traten Antisemiten einerseits als Vertreter von Mittelstandsinteressen auf, agitierten andererseits unter der Landbevölkerung, indem sie die soziale Frage als «Judenfrage» definierten und dabei zum Teil klassenkämpferische Töne anschlugen («Gegen Junker und Juden!»). Die antisemitische Agitation benutzte bis 1914 das alte Stereotyp vom «jüdischen Wucher», um die Bauern von der «Schädlichkeit» der in ihrer Mehrzahl jüdischen Viehhändler zu überzeugen, und überdeckte damit die bestehenden vertrauensvollen persönlichen und geschäftlichen Beziehungen. Die Antisemiten stellten die Juden als typische Vertreter des unproduktiven Handels und Kreditwesens den naiven, leicht zu täuschenden hart arbeitenden Bauern gegenüber, weshalb für sie die Juden nicht auf das Land gehörten.

Als folgenreich erwies sich die Übernahme des Antisemitismus in die nationalistischen «Vereine deutscher Studenten», die, angeregt durch die «Antisemitenpetition» in den Jahren 1880–81, eine Unterschriftensammlung, in der von der Regierung (vergeblich) eine Rücknahme der völligen staatsbürgerlichen Gleichstellung der Juden gefordert wurde (Ausschluss von obrigkeitlichen Ämtern, Einwanderungsverbote, Wiederaufnahme der konfessionellen Statistik), zunehmend eine antijüdische Tendenz erkennen ließen. Damit wurde die nachwachsende Elite des Kaiserreichs antisemitisch geprägt, wobei das Gefühl der Konkurrenz zu jüdischen Studenten und Berufskollegen (insbesondere unter Ärzten und Rechtsanwälten) verstärkend wirkte. Neben dem Verein Deutscher Studenten übernahmen in den frühen neunziger Jahren auch andere Vereine den Antisemitismus in ihr Programm, etwa der völkische «Deutsche Turnerbund».

Da der reine Negativismus des Antisemitismus nicht ausreichte, griff man soziale Reformforderungen auf, wie die Partei- und Vereinsnamen verdeutlichen (Deutschsoziale Partei, Deutsche Reformpartei, Reformvereine). Zur Revitalisierung der antisemitischen Bewegung trug der sensationelle Wahlsieg prominenter Antisemiten bei der Reichstagswahl 1887 bei. Die Zahl der Vereine stieg an, so dass P. Westphal 1893 in seiner antisemitischen Vereinstafel 226 «Deutsche Reformvereine», «Deutschsoziale Vereine» und andere antisemitisch-völkische Vereinigungen aufführen konnte. Diese lokalen Netzwerke waren wichtige Hilfstruppen für die Organisation von Wahl- und Propagandakampagnen. Mit der «Antisemitischen Correspondenz» und dem «Hammer Verlag» von Theodor Fritsch besaß man breitenwirksame Publikationsorgane. Der Hammer Verlag soll jährlich eine Million antisemitische Flugblätter und Schriften versandt haben, und Fritschs «Antisemiten-Katechismus» (später «Handbuch der Judenfrage») erlebte von 1886–1893 fünfundzwanzig Auflagen. Die antisemitischen Vereine förderten auch die Gründung antisemitischer Turn-, Kegel- und Bürgervereine sowie Jugendbünde, und man beteiligte sich aktiv an der Gründung von Berufsverbänden, etwa des Deutschnationalen Handlungsgehilfen-Verbandes (DHV) 1893. Auch die Erfolgsphase antisemitischer Parteien zwischen 1886 und 1893 war von vergeblichen Einigungsversuchen sowie Parteigründungen und -abspaltungen geprägt, in denen sich antikapitalistisch-antikonservative und stärker völkisch gesinnte Gruppierungen gegenüberstanden. Auch der Zusammenschluss zur Deutschsozialen Reformpartei stellte 1894 nur eine prekäre Einheit her, zumal die Parteien den Zenit bereits überschritten hatten.

Dieser zweite Höhepunkt der antisemitischen Agitation fiel mit der Wendung der radikalen Nationalisten und Imperialisten gegen die Reichspolitik zusammen, die nach dem Rücktritt Bismarcks nicht mehr ihrem hochgespannten Großmachtdenken entsprach. Hinzu kamen innenpolitische Probleme wie das Anwachsen der Sozialdemokratie und der Preissturz auf dem Agrarmarkt. In diesen Jahren wurden viele betont völkisch-imperialistische Organisationen gegründet, die sich als «völkische Opposition» zur gemäßigten Reichspolitik verstanden. Dieser Haltung entsprang die Gründung des «Alldeutschen Verbandes» (AV) 1890 und des «Bundes der Landwirte» (BdL), die das «reine Deutschtum» zum Leitbegriff nationaler Politik machten, was eine Wendung gegen «fremdvölkische Minderheiten» wie überhaupt gegen alle «undeutschen» Tendenzen implizierte. Der AV verhielt sich in der «Judenfrage» zunächst unparteiisch, da die Sammlung aller nationalgesinnten Kräfte durch eine Stellungnahme zu dieser Frage, «die wie keine andere die Geister trennt(e)», gefährdet worden wäre. Bis zum Ersten Weltkrieg existierten zwei völkische Strömungen nebeneinander: diejenigen, die das Volkstum als kulturell-geistige Einheit definierten, vom «Seelenadel» der Deutschen sprachen und den Rassenbegriff als materialistisch anlehnten (etwa Friedrich Lienhard), und diejenigen, die es als Rasseneinheit begriffen. Antisemitismus war mit beiden kompatibel. Der rassistische Volkstumsgedanke gewann bis zum Ersten Weltkrieg immer stärkeres Gewicht.

Die gesellschaftlich inzwischen etablierten und selbstbewussten Juden sahen diesem Treiben nicht tatenlos zu. Das liberale

Judentum gründete 1893 den «Central-Verein deutscher Staatsbürger jüdischen Glaubens», dessen Hauptaufgabe die Öffentlichkeitsarbeit war. Zwar galt parteipolitische Neutralität, doch unterstützte der C.V. die bürgerlich-liberalen Parteien, die gegen Antisemitismus Stellung bezogen. Bereits 1890 hatten liberale Juden und Nicht-Juden auf die antisemitische Bedrohung mit der Gründung des «Vereins zur Abwehr des Antisemitismus» reagiert, der schon im Gründungsjahr zwölftausend Mitglieder hatte, darunter Reichstagsabgeordnete und prominente Wissenschaftler und Künstler. Daneben waren es vor allem die liberalen Parteien und die Sozialdemokratie, von denen die jüdische Minderheit Schutz vor Diskriminierung erwarten durfte. Die Sozialdemokraten wandten sich auf ihren Parteitagen 1892 und 1893 offiziell gegen den Antisemitismus, in dem sie einen «Sozialismus der dummen Kerls» (August Bebel), also eine Verschleierungsideologie der tatsächlichen sozioökonomischen Widersprüche und Krisen sahen. Diese Erklärung erfasste eine wichtige Funktion des Antisemitismus, unterschätzte aber dessen komplexen sozialen und kulturellen Charakter sowie seine politische Dynamik, denn er war in Deutschland und Österreich seit den 1890er Jahren eine politische Bewegung wie auch eine Weltanschauung geworden. Die Bewegung verfiel zwar nach ihrem Höhepunkt in den neunziger Jahren, aber als Ideologie diffundierte der Antisemitismus in die Wilhelminische Gesellschaft, indem er zum programmatischen Bestand von eng vernetzten Parteien und Interessengruppen wurde, zu denen die Konservative Partei, die 1892 in den ersten Paragraphen ihres Parteiprogramms eine antijüdische Erklärung aufnahm («Wir bekämpfen den vielfach sich vordrängenden und zersetzenden jüdischen Einfluss auf unser Volksleben»), der BdL, der AV, der DHV, der Antifeminismus und eine Vielzahl völkischer Splittergruppen gehörten. Der parteipolitische Antisemitismus verlor an Bedeutung, wenn auch Antisemiten über Bündnisse mit anderen Parteien weiterhin in den Reichstag gelangten. Neben dem politischen Klimawechsel hin zum Primat außenpolitischer Fragen (Kolonien, Flottenpolitik) war für diesen

Bedeutungsverlust entscheidend, dass der Antisemitismus allein eine Bewegung auf Dauer nicht trug. Er konnte nur im Rahmen der völkischen Erneuerungsbewegung, die sich auf alle Lebensbereiche erstreckte, eine Zukunftsperspektive gewinnen. Der Radauantisemitismus und seine Verquickung mit materiellen Interessen machten im nationalgesinnten Bürgertum des Kaiserreichs einem «idealen Antisemitismus» Platz, der die Judenfrage auf das «völkisch-sittliche» Gebiet übertragen wollte. Eine zentrale Rolle spielten dabei die im «Kyffhäuserverband» zusammengeschlossenen «Vereine Deutscher Studenten» (VdSt). Antisemitismus wurde zum verbindlichen Bestandteil einer «nationalen Haltung» in weiten Kreisen der Korporierten und der Nichtkorporierten. Er wurde nicht mehr negativ-manipulativ eingesetzt, sondern war integraler Bestandteil einer positiven völkischen Überzeugung: Beim Antisemitismus des VdSt handele es sich nicht «um einen im Rassenunterschied wurzelnden Hass». «Liebe, nichts als hingebende Liebe zum deutschen Volk und Vaterland drängt uns, das antisemitische Banner allem Widerspruch zum Trotz hochzuhalten ..., und die klare Erkenntnis, dass in dem Kampf gegen die Geistesmacht des modernen Judentums es sich um nichts geringeres handelt, als um die Erhaltung der heiligsten Güter unseres Volks, um die Verteidigung der national-christlichen Idee, der wir uns ergeben haben ‹mit Herz und Sinn›. ... Und eben dieses nationale Prinzip zwingt uns mit eiserner Notwendigkeit antisemitisch zu sein.»

Es waren nach ihrem Selbstverständnis also nicht Rassenhass und Fanatismus, die völkische Organisationen zum Ausschluss der Juden motivierten (aus dem Kyffhäuserverband 1896, Arierparagraphen in wandervogelähnlichen Jugendorganisationen gab es ab 1909, im Turnkreis Deutsch-Österreich ab 1904), sondern «germanischer Instinkt, Deutschbewusstsein», wie es die Bundesleitung des «Wandervogel e.V.» 1914 formulierte. Mit der völkischen Rassentheorie hatte man eine wissenschaftliche Basis gefunden, die den Konflikt mit den Juden «versachlichte» und zugleich als unausweichlich ausgab.

Noch vor der breiten Rezeption Arthur J. de Gobineaus und Houston Stewart Chamberlains Ende der neunziger Jahre war im völkischen Lager von Friedrich Lange, dem führenden Ideologen der Gesellschaft für Kolonisation, im Anschluss an Lagarde und Gobineau ein rassistischer Volkstumsgedanke entwickelt worden, der zur Grundlage des 1894 gegründeten «Deutschbundes» wurde, in dem kein «jüdisches Blut» geduldet werden sollte.

Weite Verbreitung fand dieser rassistisch-völkische Antisemitismus dann durch die um die Jahrhundertwende erscheinenden Schriften Chamberlains «Die Grundlagen des 19. Jahrhunderts» (1899; bis 1915 eine Auflage von 120000), Gobineaus «Essai sur l'inégalité des races humaines» (Paris 1853/55; 1898–1901 von Ludwig Scheman auf Deutsch herausgegeben) sowie Paul de Lagardes, versprachen sie doch mit der von ihnen postulierten Ungleichheit der Rassen ein wissenschaftliches Fundament für den radikalen Nationalismus und Kolonialismus abzugeben.

Für den Rassegedanken sind bei Chamberlain zwei Gegensätze bestimmend: der zwischen rassischer Homogenität und «Rassenchaos» sowie zwischen Ariern und Juden, wobei letztere gerade aufgrund der sich aus ihrer Exklusivität ergebenden «Rassenreinheit» den Germanen, als der schöpferischen Rasse, gefährlich werden konnten. Anders als in den frühen rassenanthropologischen Klassifikationen wurden die Juden nicht einfach niedriger auf einer Rassen- oder Völkerskala platziert, sondern sie wurden zur gefährlichen «Gegenrasse» erklärt. Der Rassengegensatz wurde zum Motor der Geschichte: seit dem Tod Christi besteht ein fortdauernder Kampf zwischen der arisch-christlichen (Geist, Licht) und der jüdisch-materialistischen Weltanschauung (Liberalismus, Sozialismus und Demokratie), wobei letztere für die Degeneration der modernen Welt verantwortlich gemacht wird. Mit der Verknüpfung des Arischen mit dem Christlichen blieb in diesem Rassismus eine religiöse Komponente wirksam, in die heidnische und antichristliche Tendenzen eingingen. Diese Ideen verbanden sich in der völkischen Weltanschauung im ersten Jahrzehnt des

20. Jahrhunderts mit populären sozialdarwinistischen Vorstellungen vom «survival of the fittest», das als «Rassenkampf»
und «Auslese» auf menschliche Kollektive bezogen wurde, als
deren Ziel man sich eine reine arische Rasse phantasierte. Für
die Verbreitung solchen Gedankenguts sorgten kulturelle Zirkel, wie der Bayreuther Wagner-Kreis, die Gobineau-Gesell-
schaft, die Guido von List-Gesellschaft, und kleine, obskure
Bünde und Orden. Wichtigste Trägerschichten waren nun nicht
mehr das Kleinbürgertum oder die Bauern, sondern die Mittelschichten, freie Berufe, Angestellte, Intellektuelle, Lehrer,
Militärs und die agrarische Oberschicht. Die Forderungen dieser autoritär, antidemokratisch, antisozialistisch, antifeminis-
tisch und antijüdisch eingestellten Gruppen zielten auf den
Widerruf der Emanzipation. Nährboden dieses Antisemitismus
war das Unbehagen an der Kultur des Kaiserreichs. Bücher wie
Hermann Langbehns «Rembrandt als Erzieher», das gegen die
Sterilität der Bildung, gegen die Großstadt, die Zerstörung von
Gemeinschaft anschrieb, wurden zu Bestsellern. Antisemitismus reichte bis in die Reformbewegungen hinein und findet
sich in der Obstbaukolonie Eden ebenso wie in der Landerzie-
hungsheim-Bewegung eines Hermann Lietz. Gemäß der Parole
Langbehns «Die Jugend gegen die Juden!» war auch der
«Wandervogel» antisemitisch geprägt, manche Gruppen nahmen keine Juden auf. In dieser «positiven» Form als wissen-
schaftlicher, d.h. rassenideologisch begründeter Konflikt zwischen «Germanen» und Juden wurde der Antisemitismus in
den konservativen Parteien, dem BdL, der Deutschen Mittel-
standsvereinigung, der Wirtschaftlichen Vereinigung und anderen Verbänden akzeptiert. Im AV, dessen Mitglieder sich lange
gegen den von der Verbandsleitung (Heinrich Claß und Kon-
stantin von Gebsattel) propagierten rassischen Antisemitismus
ausgesprochen hatten, beschloss man 1913 die Aufnahme
antijüdischer Bestimmungen in das Verbandsprogramm, was
jedoch wegen des Krieges erst in der Bamberger Erklärung von
1919 umgesetzt wurde.

Zwischen 1910 und 1913 gab es einen regelrechter Gründungsboom antisemitisch-völkischer Organisationen, die die

«Goldene und die Rote Internationale» als Feind der deutschen Nation auserkoren hatten. Koordinierungsbestrebungen im völkischen Lager führten 1912 zur Gründung des «Verbandes gegen die Überhebung des Judentums», der allerdings wegen der Uneinigkeit der Vereine wirkungslos blieb, obwohl er vom BdL wie von der Schwerindustrie finanziell unterstützt wurde. Damit war ein rassenideologischer Antisemitismus am Vorabend des Ersten Weltkrieges zum festen Bestandteil der völkischen Ideologie, ja der «deutschen» Kultur geworden. Der «Kampf gegen das Judentum» wurde in antisemitischen Zeitungen, in konservativen und katholischen Blättern geführt, was ihm den Anschein von Intellektualität und Zivilisiertheit gab und seinen «kalten und totalitären Charakter» (Martin Broszat) verdeckte.

Ihr hochgestecktes Ziel einer Rücknahme der Judenemanzipation erreichten die Antisemiten im Kaiserreich nicht. Dennoch blieb ihre Agitation nicht ohne Einfluss auf die Regierungspolitik. Der Staat versperrte den Juden faktisch den Zugang zu bestimmten Bereichen der Verwaltung und hielt sie von höheren Positionen des öffentlichen Dienstes fern. Sie konnten nicht Offiziere und Diplomaten werden, blieben vom Volksschuldienst weitgehend ausgeschlossen, ebenso von Hof- und Regierungsämtern, und Berufungen zum Ordinarius waren äußerst selten. In anderen Laufbahnen, wie dem Justizdienst, waren leitende Posten für sie nicht erreichbar. Galten diese Beschränkungen zunächst nicht für getaufte Juden, so machte sich das Vordringen des Rassenantisemitismus negativ bemerkbar, indem diese nun bei Beförderungen übergangen wurden. Ein weiteres Feld einer restriktiven Politik betraf die Abwehr ostjüdischer Einwanderung.

Das Frankreich der Dritten Republik

Neben Deutschland war Frankreich in der zweiten Hälfte des 19. Jahrhunderts ein Zentrum judenfeindlichen Denkens. Hier wie dort gab es seit Ende der siebziger Jahre eine wahre Flut judenfeindlicher Schriften. Trotz mancher Ähnlichkeiten besaß die Entwicklung des Antisemitismus in Frankreich zwei Besonderheiten, die ihn weniger aggressiv und gefährlich machten: er blieb eher traditionell religiös bestimmt, der Rassismus wurde eher rhetorisch gebraucht, und dieser konservative, antirepublikanische Antisemitismus erlitt in der Dreyfus-Affäre eine schwere Niederlage. Dabei war die Ausgangslage für die am 4. September 1870, also während des deutsch-französischen Krieges, ausgerufene Dritte Republik ungünstiger als die des siegreichen Deutschen Reiches. Die Niederlage war ein schwerer Schock für das französische Selbstbewusstsein, und die Republik blieb nach ihrem Sieg über die Monarchie von Krisen geschüttelt und von monarchistischen Restaurationstendenzen bedroht. Den Gegnern der Republik galten die Juden als eine Gruppe, die sich gegen die heiligen Prinzipien des *Ancien Régime* gestellt hatte und nun über entsprechenden Einfluss verfügte.

In den 1870er Jahren gelang die Durchsetzung der republikanischen Staatsform durch eine Reihe von Gesetzen und günstigen politischen Umständen: Presse- und Versammlungsfreiheit stärkten die Demokratie; antiklerikale Maßnahmen gegen die katholische Kirche sollten deren Einfluss auf den Staat mindern (staatliches Schulwesen, Ehescheidung wurde erlaubt). Eine erfolgreiche Kolonialpolitik stärkte die Republik auch innenpolitisch. Ähnlich wie im Deutschen Reich verschlechterte sich das soziale Klima durch eine schwere Wirtschaftskrise. Es entstanden ab 1882 zahlreiche antisemitische Zeitschriften («L'Antisémitique»; E. Drumonts «La Libre Parole» mit einer Auflage bis zu 300000 Stück; Guérins «L'Antijuif») und Bücher (Pater Chabanty: «Die Juden unsere Herren», 1882; August Chirac: «Le juifs, rois de la République», 1883; E. Drumont: «La France Juive», 1886), in denen den Juden die Schuld an der Wirtschafts- und Finanzkrise und am Elend der Arbeiter, Bauern und Kleinbürger zugeschoben wurde, weil man sie als die eigentlichen «Könige Frankreichs» und «Helfer des Satans» betrachtete. Auch Frankreich kannte mit der nach ihrem Führer General Boulanger benannten Bewegung ab Mitte der achtziger Jahre eine antiparlamentarische, autoritär-nationalistische Massenbewegung, die auch die Entstehung eines populären Antisemitismus beförderte. Antisemitismus bot eine ideologische Plattform für die Wahlpropaganda, und tatsächlich gelangen mit den Stimmen der Linken (Radikale und Sozialisten) sowie der rechtsoppositionellen Klerikalen und Bonapartisten den Boulangisten 1888 erste Wahlerfolge. Die nationalistische «Ligue des Patriotes» sowie Militär und Polizei drängten Boulangers Anhänger zum Staatsstreich, doch die Republik wehrte sich, löste 1889 die Patriotenliga auf und klagte Boulanger der Verschwörung an. Dessen Flucht nach Brüssel ließ die Boulanger-Bewegung schnell zusammenbrechen, doch hatte sich die politische Kultur der Dritten Republik gewandelt. Nun verband sich der Nationalismus, der bisher mit der jakobinischen Linken verbunden gewesen war, mit antirepublikanischen und autoritären Tendenzen, zu denen auch Antisemitismus und Rassismus zählten. Anhänger Boulangers wie Maurice Barres, Paul Déroulede, Henri Rochefort, Francis Laur, die zum Teil Schüler der Frühsozialisten gewesen waren, begründeten einen sich progressiv und nonkonformistisch gebenden Antisemitismus. In dieser linkssozialistischen Tradition liegt eine Besonderheit des französischen Antisemitismus, der von dort seine antikapitalistische Stoßrichtung erhielt: «Sozialismus heißt Krieg gegen die Juden!» Mit dieser linken Spielart erreichte man vor allem das Proletariat und Kleinbürgertum. Dieser Antisemitismus besaß zwar auch religiöse und rassistische Züge, war aber in seiner Verbindung von Antikapitalismus und Antimodernismus vor allem gegen die «semitische Hochfinanz» Frankreichs gerichtet, die angeblich die Politik kontrollierte. Diese Vorwürfe fanden Nahrung in einer Reihe von Finanzskandalen, in denen viele kleine Anleger geschädigt wurden. Als im Jahre 1882 die katholische Bank Union Générale, die als Gegengründung zu jüdischen und protestantischen Bankhäusern entstanden war, Bankrott ging, lastete man dies den Rothschilds an. Auch im Panama-Skandal (1888–92), in den Juden als Vermittler zwischen Parlament und der Panama Company verwickelt waren, schlachtete Drumonts «La Libre

Parole» aus und beschuldigte Juden der Bestechung von Parlamentariern. Tatsächlich war Korruption damals ein Mittel für mittlere und kleinbürgerliche Kreise, politische Karriere zu machen. Die regierenden Parteien wurden als «Judenparteien» denunziert, und gegen Ende des Jahrhunderts traten entsprechende Verschwörungstheorien auf. Anders als in Deutschland finden wir Antisemitismus auf der politischen Rechten *und* Linken, die sich in der Ablehnung des Erbes der Französischen Revolution und ihrer Träger (Liberale, Juden und Protestanten) einig waren. Sah die antisemitische Linke ihren Gegner in der jüdischen Hochfinanz, so führten die Konservativen und Klerikalen einen «kleinen Kulturkampf» gegen die Republik. Tatsächlich verlor die katholische Kirche durch die «Ferry-Gesetze», benannt nach dem Erziehungsminister Jules Ferry, zwischen 1879 und 1886 viel von ihrem gesellschaftlichen Einfluss, vor allem durch die Beschneidung ihres Einflusses auf die Primarerziehung und die Auflösung des Jesuitenordens. An diesem «Kulturkampf» waren Juden und andere Antiklerikale in vorderster Linie beteiligt. Dies führte zu einer katholischen Gegenoffensive vor allem auf dem Lande (Assumptionisten), und das Organ der fundamentalistischen Katholiken «La Croix» verschrieb sich dem Kampf gegen den «jüdischen Einfluss».

Abgesehen von den traditionsverhafteten Juden Elsass-Lothringens war der größere Teil der französischen Juden, deren Zahl von 40000 um 1789 auf 100000 im Jahre 1890 angewachsen war, assimilationsbereit und machte in der zweiten Hälfte des 19. Jahrhunderts Karriere in Justiz, Verwaltung, Politik, schleppender dagegen in der Armee. Insbesondere in der Dritten Republik wurde diese Bewegung ins Zentrum des Staates sichtbar, gegen die es wenig gesellschaftlichen Widerstand gab, abgesehen von Antisemiten auf der Linken und konservativ-katholischen Rechten. In den frühen neunziger Jahren wurde der Antisemitismus im wesentlichen von einer kleinen Zahl von «Theoretikern» propagiert, die die Juden als nicht mit dem Land verbundene Fremde beschrieben, die es ruinieren wollten. Die Argumentation war eine Mixtur religiöser, historischer, rassistischer, zivilisationskritischer, antikapitalistischer und antibourgeoiser Versatzstücke. Zeithistorische Reizthemen wie die Niederlage von 1870, die Bildungsreform, Unternehmensbankrotte und Freimaurerei wurden in den Dienst eines religiös-rassistischen Antisemitismus gestellt. Kern dieser Zeitkritik war eine antirepublikanische Einstellung, die sich ein rein katholisches, vorrevolutionäres oder gar mittelalterliches Frankreich zurückwünschte, dessen Zerstörung man dem antimonarchischen und antichristlichen Wirken der kosmopolitischen Juden zuschrieb.

Trotz der im Vergleich mit Deutschland riesigen Auflagen antisemitischer Schriften, die zudem in angesehenen Verlagen erschienen, blieb die antisemitische Bewegung politisch erfolglos und war bereits 1892 wieder in Auflösung begriffen. Bei den Wahlen von 1893 siegten die Republikaner, und die antisemitische Rechte schnitt schlecht ab. Die bis heute im Kern mysteriöse Dreyfus-Affäre kam somit überraschend, veränderte aber schlagartig das politische Klima: Judenfeindschaft trat nun offen auf. Es ist kein Zufall, dass die Affäre um Hauptmann Dreyfus in der Armee begann, da diese neben dem Klerus besonders antirepublikanisch gesonnen war und als relativ geschlossene, vom Adel dominierte Kaste Juden nur ungern aufnahm. Zahlreiche Duelle, in denen sich jüdische Soldaten gegen Beleidigungen durch christliche Kameraden wehrten, bezeugen diese ablehnende Haltung. Dreyfus war als erster Jude im Generalstab offenbar ein Ärgernis, und die antisemitische Hetze begann schon vor seiner Verurteilung. Dennoch ist es umstritten, ob wir es mit einem antisemitischen Komplott zu tun haben oder ob sich die Armee unter öffentlichem Druck immer weiter in eine falsche Anklage verrannte. Den Hintergrund des Falles bildete die allgemeine Spionagefurcht, und «La Libre Parole» hatte schon früher Kampagnen gegen «jüdische Verräter» losgetreten. Als 1894 die französische Spionageabwehr ein Dokument (bordereau) mit militärischen Geheimnissen entdeckte, das Deutschen zum Kauf angeboten worden war, verdächtigte man Dreyfus, der als einer der wenigen Zugang zu den aufgeführten Informationen hatte, und klagte ihn trotz sehr dünner Beweise an. Nachdem sogar Kriegsminister Mercier Dreyfus für schuldig hielt, schien der Fall für die Armee klar, noch klarer für die Presse, die ihn vorverurteilte. Im Prozess brachten eine falsche Anschuldigung durch einen Offizier der Spionageabwehr (Hubert Henry) und ein geheimes, nur den Richtern zugängliches Dossier des Kriegsministers, die später als Fälschung entlarvte «Le Canaille de D.», eine ungünstige Wende. Dreyfus wurde zu lebenslanger Haft auf der Teufelsinsel (Karibik) verurteilt. Das Urteil wurde in Frankreich begrüßt, da ein reicher Mann und zudem ein Jude verurteilt worden war, was man als Zeichen gegen die Korruptheit des Staates nahm.

Bis dahin hatte es keine «Dreyfus-*Affäre*» gegeben. Erst als prominente Franzosen Zweifel am Verfahren äußerten und eine Broschüre 1896 alle Hinweise auf Dreyfus Unschuld präsentierte, bildeten sich zwei Lager: Dreyfusards und Anti-Dreyfusards. Während der berühmte Schriftsteller Emile Zola im «Figaro» seinen Artikel «Für die Juden» publizierte, überschwemmten Antisemiten das Land mit einer Flut von Hetzerzeugnissen (Karikaturen, Nippes, Broschüren). Ein neuer Chef der Spionageabwehr nahm den Fall 1896 wieder auf und fand trotz massiver Behinderungen von offizieller Seite den wahren Täter, der aber freigesprochen wurde. In dieser Situation wendete Zola 1898 mit seinem berühmten Artikel «J'accuse» das Blatt, indem er den Vorwurf einer rechten jesuitischen Offiziersverschwörung erhob. Damit wollte er einen Prozess provozieren, um vor Gericht die Affäre aufrollen zu können – eine «Revision auf Umwegen». Der Artikel mit einer Auflage von 200 000 Exemplaren wurde zur Sensation und eröffnete die Affäre, denn nun ging es nicht mehr um Dreyfus, sondern um eine fundamentale Staatskrise, in der die Restauration mit den Werten Tradition, Autorität und Nation gegen Prinzipien von Demokratie, Liberalismus, Gerechtigkeit stritt. Es standen also Monarchie und Religion gegen die Republik. Zunächst sah alles nach einem Misserfolg der Aktion aus, denn Zola konnte Dreyfus nicht zum Gegenstand des

Prozesses machen, sondern wurde selbst verurteilt und floh außer Landes. Der Chef der Spionageabwehr wurde verhaftet und aus der Armee entlassen. Zwischen 1898 und 1900 erreichte der offene Antisemitismus seinen Höhepunkt. In vielen französischen Städten kam es 1898 zu antijüdischen Ausschreitungen mit Plünderungen von Geschäften und mit Todesopfern. Die Menge forderte «Tod den Juden» und «Tod Zola!». Andererseits wuchs das Beweismaterial gegen den wahren Schuldigen an, und die Fälschung Henrys wurde entlarvt. Dies führte zu einer Staatskrise, zwei Kriegsminister traten nacheinander zurück, ebenso mehrere Generäle sowie der Chefankläger im Fall Dreyfus. Es sollte zwar erst 1906 zur Annullierung des Urteils gegen Dreyfus kommen, doch wurde die Affäre zum *Gründungsmythos* der Republik. Der Kampf gegen die Anti-Dreyfusards konnte in der Tradition des französischen Nationalismus mit seinem Bezug zu den Idealen der Französischen Revolution als Kampf für die Republik dargestellt und damit massenwirksam werden. Ein derartiger politisch-nationaler Mythos fehlte in Deutschland, wo der Nationalismus stärker ethnisch und zudem reaktionär geprägt war. Die Republik konnte sich durch die Affäre stabilisieren und liberalisieren. Staat und Kirche wurden 1905 getrennt und die Armee ziviler Kontrolle unterworfen. Gerade die antisemitischen Kreise des Großbürgertums, der Großgrundbesitzer, des Klerus und des Offizierskorps verloren im Zuge der Affäre an Einfluss, während sich auf der anderen Seite im gemeinsamen Protest eine Schicht von republikanischen «Intellektuellen» herausbildete. Der Antisemitismus trat seitdem weniger politisch und weniger offen auf, verbreitete sich allerdings sozial und kulturell über eine Vielzahl antisemitischer Zeitungen (insbesondere in Algerien). Bis Mitte der dreißiger Jahre des 20. Jahrhunderts stellte er keine ernsthafte Bedrohung mehr dar, auch wenn er latent fortwirkte.

Das Zarenreich bis zur Oktoberrevolution

Hätte man zur Jahrhundertwende gefragt, wo sich die Judenfeindschaft am gefährlichsten entwickelte, so hätte man neben Frankreich Russland als Antwort bekommen, nicht Deutschland: Frankreich wegen der Dreyfus-Affäre, Russland wegen der Pogromwellen seit 1881, die weltweit Abscheu hervorriefen.

Die Lage der Juden im Zarenreich unterschied sich fundamental von der – trotz aller antiemanzipatorischen Anstrengungen der Antisemiten – erfolgreichen Integration der Juden in West- und Mitteleuropa, wo diese überwiegend in die bürgerlichen Schichten aufgestiegen waren und sich als Judentum konfessionalisiert hatten. In Osteuropa entwickelten sie sich zu einer verarmten, kaum assimilierten nationalen Minderheit, in der die Ideen einer gesonderten Existenz im Lande (wie es der «Bund» vertrat) oder im eigenen Nationalstaat (Zionismus) Resonanz fanden. Dafür gibt es demographische und politische Gründe. Im Russischen Reich lebten 1897 5,2 Mill. Juden, zu 94 % konzentriert auf das sog. Kongresspolen und den Ansiedlungsrayon, wo sie mit 11,5 % einen hohen Bevölkerungsanteil stellten. Diese Siedlungsdichte, deren Anteil in Städten im Nordwesten Rußlands bis 50–60 % betragen konnte, förderte das Festhalten an der traditionellen Kultur und Konflikte mit ihrer christlichen Umwelt. Die schlechte wirtschaftliche Lage rührte vor allem von der besonderen Berufsstruktur her, da nur 3,5 % der russischen Juden Bauern (gegenüber ca. 75 % der russischen Bevölkerung), aber drei Viertel in Handel, Handwerk und Industrie tätig waren, so dass es dort zu einer starken Überbesetzung kam. Am wirtschaftlichen Aufschwung der neunziger Jahre nahmen Juden weder als Unternehmer noch als Arbeiter teil, vielmehr verschlechterte sich ihre Lage, da die industrielle Konkurrenz viele Handwerker ruinierte. Für die extreme Armut vieler Schtetl-Juden wurde der Begriff des «Luftmenschentums» geprägt, da man sich kaum erklären konnte, wovon diese Menschen überhaupt lebten.

An dieser Situation hatte die ambivalente zaristische Politik einer gebremsten Modernisierung wesentlichen Anteil. Die Regierung des «Befreier-Zaren» Alexander II. zielte zwar durchaus auf jüdische Emanzipation, indem sie Juden etwa das Schulwesen öffnete, doch sie weigerte sich, ihnen Ansiedlungsrechte außerhalb des Rayons zu gewähren, was ein Mittel gewesen wäre, die Verarmung der jüdischen Massen zu verringern und ihre Akkulturation zu fördern. Nach der Ermordung Alexanders II. durch eine terroristische Gruppe 1881 machte diese Reformpolitik unter Alexander III. einer Phase von «Gegenreformen» Platz, in der die «Judenfrage» zum umkämpften Thema öffentlicher Debatten aufstieg. Der Umschwung deutete sich schon sechs Wochen nach dem Attentat an, als die Juden Opfer der ersten Pogromwelle wurden, die bis 1884 die Zahl von 259 Ausschreitungen erreichen sollte. Die verbreitete Auffassung, diese Ausschreitungen seien vom Staat oder einer nationalistischen Organisation inspiriert und organisiert worden, kann durch neue Forschungen als widerlegt gelten. Die Pogromisten waren lokale Kaufleute und Handwerker, also die direkten Konkurrenten, dörfliche Kulaken und sehr häufig Wanderarbeiter, die am Eisenbahnbau und als Saisonkräfte in der Landwirtschaft arbeiteten. Auch Streiks und Aussperrungen von Industriearbeitern konnten in antijüdische Aktionen umschlagen. Die Pogrome konzentrierten sich in den südwestrussischen Gebieten, wo ihre starke Zuwanderung Juden in Konkurrenz zu einheimischen Berufsgruppen, insbesondere Kaufleuten, brachte. In diesem agrarisch geprägten Gebiet schlug die europäische Agrarkrise der 1870er Jahre mit Verspätung durch. Die industrielle Krise in Moskau und St. Petersburg und vor allem Missernten und das Eintreffen der nun nicht gebrauchten Erntehelfer verschärften die Lage, in der die Ermordung des Zaren zum Auslöser der Gewalt wurde. Die Teilnahme einer Jüdin am Attentat führte zur Debatte über die Schuld der Juden am Tode Alexanders II. Sie knüpfte an eine schon länger andauernde Diskussion über die weitere Emanzipation der Juden an, die von antijüdischer Agitation begleitet war.

Die Gewaltwelle und die zunehmende Verarmung setzten einen Strom jüdischer Auswanderung nach Mittel- und Westeuropa sowie vor allem in die USA in Gang (ca. zwei Mill. bis 1914). Zar Alexander III. vertrat eine starre autokratische Linie und leitete eine Phase «defensiver Modernisierung» ein, um die soziale Dynamik einzudämmen und dem Adel seine Machtposition zu erhalten. Antisemitismus diente dabei der Staatsführung, in deren engem russischen Nationalismus die Juden keinen Platz hatten, als stabilisierende Ideologie. So sah der Zar die Ursache der Pogrome in der ökonomischen Ausbeutung der Bevölkerung durch die Juden. Juden und Polen galten seit dem Polnischen Aufstand von 1863 als geheime Mächte, die auf einen politischen Umsturz hinarbeiteten. Zwar erhob der Ministerrat aus Sorge um die ökonomischen Folgen Einspruch gegen diese Politik von Paternalismus, Antikapitalismus und Judenfeindschaft, doch verboten die «Mai-Gesetze» 1882 einen weiteren Zuzug von Juden aufs Land, Landerwerb und Handel an christlichen Feiertagen.

Nach den Pogromen war man mehr denn je von der «Schädlichkeit der Juden» überzeugt. Als Gegenmittel erwog man tiefe Eingriffe in die religiöse und kommunale Autonomie der jüdischen Gemeinden. Die Juden verloren ihren Status als Einheimische und wurden zu «inorodtsy», also Nicht-Einheimischen erklärt. Diese Politik bedeutete im Grunde das Eingeständnis des Scheiterns der Emanzipation, zumal der Zar die Vorschläge einer weiteren, vom Ministerrat berufenen Reformkommission (Pahlen-Kommission), die repressive und diskriminierende Judenpolitik aufzugeben, 1888 ablehnte und neue Restriktionen einführte: Juden wurden aus Städten wie Moskau, St. Petersburg und Charkow sowie aus bestimmten Provinzen (Poltava, Chernigov) vertrieben und durften nicht mehr aus einer ländlichen Region in eine andere übersiedeln; hinzu kamen der Ausschluss aus der dörflichen Selbstverwaltung und aus Börsenkomitees, Nichtzulassung als vereidigte Rechtsanwälte, Quotierung des Schulbesuchs. Die Übernahme des Alkoholmonopols durch den Staat beraubte zudem viele Juden, die mit Alkohol handelten, ihrer Einkommensquelle.

Diese Politik trug zur Verarmung der jüdischen Bevölkerung bei, von der in den neunziger Jahren in manchen Städten, wie etwa in Wilna, über ein Drittel von der Wohlfahrt lebten. Die Aus- und Binnenwanderung milderten den Bevölkerungsdruck nur wenig, da die jüdische Bevölkerung weiterhin stark wuchs, was sie zusätzlich als eine nicht steuerbare Gruppe erscheinen ließ.

Eine Ursache für den seit den siebziger Jahren so hartnäckigen und durchdringenden Antisemitismus lag in der Hinwendung des Konservativismus zu Nationalismus und Xenophobie, der in den Juden und anderen Minderheiten wie Deutschen oder Polen eine Bedrohung vitaler russischer Interessen und Werte sah. Diese sich in den 1870er Jahren entwickelnde konservative Judäophobie hatte außen- wie innenpolitische Ursachen. Das Eintreten der europäischen Mächte für die Türkei nach dem russisch-türkischen Krieg (1877–78) führte zu extremer Feindseligkeit gegenüber dem westlichen Ausland, insbesondere gegenüber England, an dessen Spitze mit Benjamin Disraeli ein Mann mit jüdischen Vorfahren stand, was die Juden als Verbündete der äußeren Feinde Russlands und innenpolitisch als unloyales Element erscheinen ließ. Die Rezeption der antisemitischen Bewegung in Mitteleuropa machte den Antisemitismus in der russischen Gesellschaft hoffähig und lieferte Denkmodelle und Vorurteile. Für die panslawistischen Nationalisten wurden die Juden zum Symbol des dekadenten Westens, der ökonomischen Modernisierung und des politischen Radikalismus. In ihrem Kampf gegen diese «nihilistischen» Tendenzen standen deshalb die jüdische Intelligenz und Arbeiterbewegung, die säkularisiert und politisch links und revolutionär orientiert waren, oben an. Innenpolitisch verstärkte die «Überflutung» des Bildungssystems durch Juden die Furcht, diese würden nach der Aufhebung aller Restriktionen die wichtigsten Posten in Russland besetzen. Diese Befürchtungen, die keineswegs nur judenfeindlicher Phantasie entsprangen, wenn sie auch die realen Probleme überzeichneten und einseitig den Juden zurechneten, waren über reaktionäre Kreise hinaus auch unter Liberalen und Sozialisten verbreitet, die ebenfalls nach einem Schutz der Bauern riefen.

Auf Alexander III. folgte Nikolaus II. (1894–1917), der wie seine Minister die Juden im In- und Ausland als Feinde Russlands ansah. Dieses Misstrauen äußerte sich in einem verdeckten Kleinkrieg zwischen der Bürokratie und den Juden in der Generation vor dem Ersten Weltkrieg, der in Pogromwellen und revolutionären Anschlägen auf Vertreter des Regimes gewaltsame Ausbrüche erlebte. Trotz vielfacher Initiativen zu ihrer Abschaffung blieben die «Mai-Gesetze» in Kraft, denn der Zar verweigerte jede Reform. Da die Juden das Mittel der Bestechung nutzten, um die einschränkenden Bestimmungen zu unterlaufen, und gegen die Diskriminierungen petitionierten und protestierten, war die russische Bevölkerung mehr denn je von ihrer Schädlichkeit und Unehrlichkeit überzeugt. Dass die missliche Lage der russischen Juden auch international als Problem diskutiert wurde, dürfte die Vorbehalte in Regierung und Bevölkerung noch verstärkt haben. Insbesondere die über sechshundert Pogrome zwischen 1903 und 1906 boten Anlass für den publizistischen Kampf zwischen Zarismus und in- und ausländischen Juden.

Seit Mitte der 1880er Jahre gewann die Industrialisierung in Russland an Fahrt. Damit entstanden in den Städten proletarische Schichten, die sich z. T. entlang ethnischer Grenzen organisierten und besonders gewaltbereit und unruhig waren. Jüdische Arbeiter gründeten den «Bund», christliche organisierten sich in den «Schwarzhundertern». Man terrorisierte sich gegenseitig, beispielsweise wenn Arbeiter der anderen Ethnie als Streikbrecher fungierten. Gegen Ende des Jahrhunderts mischten sich Geheimpolizei und örtliche Stellen in diese Konflikte ein. Antisemitismus und antijüdische Gewalt waren eher ein städtisches Problem, das einerseits in der Konkurrenz jüdischer und russischer Mittelschichten begründet war, zu dem sich die Gewalt der Proletarier gesellte, die sich nicht nur gegen «die Kapitalisten» richtete, sondern auch eine antizaristische und antijüdische Stoßrichtung haben konnte. Auf dem Lande, wo ja nur wenige Juden lebten, trat die Gewalt eher sporadisch auf und war weniger ideologisch motiviert.

Zum Ende des Jahrhunderts etablierten sich Juden und Deutsche in vielen Städten als Konkurrenten russischer Unternehmer. Die Öffnung des Erziehungswesens seit den 1860er Jahren hatte eine Schicht gut ausgebildeter Juden hervorgebracht, die nicht alle von der Wirtschaft absorbiert werden konnten, zumal es Zugangsbeschränkungen für Juden (etwa im Anwaltsberuf) gab. Dies führte viele von ihnen in die Reihen der revolutionären Linken, da diese wie im übrigen Europa die Gleichstellung der Juden und anderer Minderheiten propagierte und sich gegen alle Formen religiöser und ethnischer Diskriminierung aussprach. Ihre Gegner fassten deshalb Juden oft mit Linken, Liberalen und Intellektuellen zu einer «verhassten» Kategorie zusammen, so dass Juden in mehrfacher Hinsicht als «inneren Feinden» misstraut wurde. Andererseits gab es auch eine Schicht erfolgreicher jüdischer Unternehmer – der Klassenkonflikt reproduzierte sich natürlich auch in der jüdischen Minderheit –, die loyal zum Zaren standen und den Sozialismus ablehnten. Dem Aufstieg dieser Schicht stand ein Verarmungsprozess der jüdischen Massen gegenüber, die auch wegen der staatlichen Diskriminierungspolitik aus der wirtschaftlichen Entwicklung herausfielen. Lösungen des Problems sah man in der Auswanderung, der Assimilation (unrealistisch für die Masse der Juden) oder der Revolution. Es überrascht nicht, dass sich Juden in den in dieser Phase entstehenden rudimentären politischen Parteien häufig in der sozialrevolutionären Bewegung organisierten. In den unruhigen, revolutionären Jahren um 1905 brachen ab 1903 wiederum Pogromwellen aus, die sehr gewalttätig verliefen und viele Todesopfer forderten. Wenn sich auch die zeitgenössische Vermutung, die Pogrome seien vom Innenministerium selbst veranlasst worden, als falsch erwiesen hat, so spielten doch nationalistische, prozaristische Organisationen wie die antisemitischen «Schwarzhunderter» dabei eine Rolle, da die Gewalt Linke und Juden einschüchtern sollte. Begünstigt wurden die Pogrome durch die angespannte politische Situation, namentlich den russisch-japanischen Krieg von 1904/5. Der Zar und seine Minister glaubten, dass das internationale Judentum Japan unterstützt und Kredite an Russland verhindert habe. Daran war so viel richtig, dass viele russische und nicht-russische Juden und die radikale Linke gegen den Zaren und den Antisemitismus in Russland kämpften.

Die Revolution von 1905, die den Zaren zur Einsetzung eines Parlaments (Duma) zwang, wollte die antijüdischen Gesetze abschaffen, was jedoch durch gegenrevolutionäre Gewalt verhindert wurde. An den blutigen Pogromen beteiligten sich auch Soldaten und die Geheimpolizei, motiviert durch die angeblich projapanische und revolutionäre Haltung der Juden. Diese Gewalt richtete sich auch gegen andere Gruppen, welche die Revolution offen oder verdeckt unterstützt hatten. Der Zar sympathisierte mit den rechten Organisationen, von denen eine anarchische Gewalt ausging, es gab jedoch keine koordinierte antijüdische Politik des Regimes, wenn es auch strenge antijüdische Gesetze gegen Bestechung usw. erließ. Wie sehr Antisemitismus aber von Regierungskreisen, Bürokratie und nationalistischen Organisationen instrumentalisiert wurde, zeigt der angebliche Ritualmordfall «Beilis», der 1911 im In- und Ausland für Aufsehen sorgte. Die Ritualmordlegende war zum Ende des 19. Jahrhunderts wieder «in Mode» gekommen, und entsprechende Anschuldigungen hatten etwa in Xanten (1880), im tschechischen Polna (1899) und im westpreußischen Konitz (1900) zu Ausschreitungen und Prozessen gegen Juden geführt. In Russland hatte der Antisemitismus seit den 1870er Jahren zunehmend einen okkult-verschwörerischen Zug gewonnen. Ritualmordvorwürfe, fanatische Christenfeindlichkeit des Talmud und die Kahal als internationale Verschwörerorganisation bildeten die Elemente dieser bizarren Wahnvorstellungen, die in den 1905 zusammengestellten «Protokollen der Weisen von Zion» gipfelten. Im «Fall Beilis» stellten Flugblätter nationalistischer Organisationen den Mord an einem 13 jährigen Jungen als Ritualmord hin und präsentierten wenige Monate später mit Mendel Beilis einen Juden als Täter, an dessen Schuld viele

Beobachter auch von Regierungsseite zweifelten. Die vorge-
legten Beweise waren schwach, und bald war auch die Identität der wahren Mörder klar. Welche Ziele verfolgte die Regierung, die solche antisemitischen Kampagnen unterstützte und
von 1905 bis 1916 den Druck von ca. 3000 antisemitischen
Büchern und Pamphleten in einer Auflage von insgesamt über
vierzehn Millionen Exemplaren erlaubte? Die reaktionären
Minister und Berater des Zaren glaubten offenbar, aus diesem
Ritualmordfall für sich und den Zaren politisches Kapital
schlagen und die Juden und damit die Linke bei den anstehenden Duma-Wahlen diskreditieren zu können. Eine saubere
Ermittlungsarbeit, die Verteidigung durch die besten russischen Anwälte und die große internationale Aufmerksamkeit
sorgten für Beilis' Freispruch, allerdings bejahte das Gericht
den Tatbestand eines Ritualmordes. Der Fall zeigt eindrück-
lich, dass Antisemitismus in der späten Zarenzeit vor allem
ein Instrument staatstragender Schichten in der Verwaltung
und in nationalistischen Kampfverbänden war, die die Juden
als Symbole und Vertreter von Modernisierung und sozialer
Revolution bekämpften. Im «Juden» waren die Feinde der
traditionellen, agrarischen und autokratischen russischen Gesellschaft in einer Gestalt vereinigt.

Der Erste Weltkrieg

Die Behandlung der Juden in Russland, Deutschland und
Frankreich im Ersten Weltkrieg bündelt wie in einem Brenn-
glas ihre Stellung in der Nation. Während in Frankreich die
Dreyfus-Affäre und die Kriegsteilnahme die weitere Integration der Juden in die französische Gesellschaft förderten,
erlebten sie in Russland als potenzielle Landesverräter eine
vollständige Exklusion. In Deutschland wendete sich mit dem
ungünstigen Kriegsverlauf das Blatt immer stärker zu Gunsten
einer antisemitischen Ausschlusspolitik.

Als sich im Kriegsverlauf die wirtschaftlichen Probleme in
Russland verschärften, spielte die nationale Rechte bis in die
Duma hinein die «Judenfrage» hoch. Man sah überall eine

jüdisch-freimaurerische Verschwörung am Werk. Die Juden
wurden trotz ihres Dienstes in der zaristischen Armee als
Spekulanten beschuldigt und – wohl wegen des Jiddischen –
permanent der Spionage für die Deutschen und Österreicher
verdächtigt, zumal das deutsche Heer in Polen als Befreier
der Juden auftrat, obwohl man tatsächlich 70000 jüdische
Zwangsarbeiter nach Deutschland verbrachte. Beim Rückzug
der russischen Armee 1915 kam es zur Massenevakuierung
von einer halben Million Juden, auch andere Teile der Bevölkerung waren davon betroffen. Die Evakuierungen aus dem
Rayon und die Wirren des Krieges beraubten viele Juden ihrer
Lebensgrundlage, die sich nun in bisher «judenfreien» zen-
tralrussischen Städten ansiedelten. Der Krieg brachte in der
Armee erstmals viele russische Bauern und Arbeiter mit Juden
zusammen (es gab 600000 jüdische Soldaten), da man außerhalb des Ansiedlungsrayons oft keine Juden kannte. Diese
Begegnung hinterließ bei den russischen Soldaten ein Gefühl
der «Fremdheit». Das Jiddische ähnelte der Sprache des
Feindes, und die antisemitische Agitation über jüdische Pro-
fiteure tat ein Übriges, um hier Vorurteile einzupflanzen, auf
die später die kommunistischen Parteiinstruktoren stoßen
sollten.

Mit der Revolution wurde die rechtliche Emanzipation der
Juden endlich verwirklicht. Am 20. März 1917 hob die provi-
sorische Regierung Kerenskij alle Einschränkungen auf, was
die Rechten das Gerücht ausstreuen ließ, Kerenskij sei jüdischer Herkunft. Wenn auch die Gleichstellung erreicht war,
bedeutete die Revolutions- und Bürgerkriegszeit für viele Juden doch Pogrom und Verfolgung.

Anders als in Russland wurden im nationalen Überschwang
bei Ausbruch des Krieges die Juden im Deutschen Reich zusammen mit den Sozialdemokraten zunächst in den sog. «Burgfrieden» einbezogen. Es schien, als sei der gegenseitige Argwohn,
mit dem sich die Reichsregierung und die jüdische Gemeinschaft vor dem Krieg gegenübergestanden hatten, überwunden.
Die Juden erhofften sich vom Nachweis ihrer patriotischen Ge-
sinnung im Kriegsdienst die völlige Gleichbehandlung in der

deutschen Gesellschaft. Dieser patriotische Konsens bestand
vom liberalen C. V. über die Orthodoxie bis zu den Zionisten.
Tatsächlich wurden Juden wie Walther Rathenau oder Albert
Ballin in führende Positionen der Kriegswirtschaft berufen,
und die antisemitische Agitation unterlag strenger Zensur.
Der «Burgfrieden» erwies sich jedoch als eine «Schönwetter-
Konstruktion», die vielleicht bei einem deutschen Sieg bleibende Effekte auf das deutsch-jüdische Verhältnis gehabt hätte. Je mehr sich das Kriegsglück gegen Deutschland wendete,
desto mehr Raum gewann die Rechte für ihre antijüdische
Agitation. Im Militär machte sich auf allen Ebenen bereits
1915 Antisemitismus wieder offen bemerkbar. Dahinter stand
eine Kampagne der Rechten, die Eingaben an die Regierung und das Kriegsministerium organisierte, in denen Juden
«Drückebergerei» vorgeworfen wurde. SPD und Fortschritt-
liche protestierten dagegen im Reichstag, und eine Weile widerstand die Regierung dem Druck von rechts, bis sie schließlich im Oktober 1916 eine «Judenstatistik» anordnete, die
den Einsatz von Juden im Heer erfassen sollte. Gegen diese
infame Maßnahme erhob sich vor allem von jüdischer Seite
Protest, so dass die Ergebnisse nicht veröffentlicht wurden,
was antisemitischen Unterstellungen Tür und Tor öffnete. Für
die Juden bedeutete die «Judenzählung» eine tiefe Enttäuschung, sie fühlten sich von dem Land verraten, für das sie ihr
Leben einsetzten.

   Die antijüdische Stimmung der Front und die von der Rechten in die Welt gesetzte Legende von der jüdisch beherrsch-
ten Kriegswirtschaft beeinflußten die Bevölkerung, die die Juden als «Schieber» und «Kriegsgewinnler» für die sich im
«Kohlrübenwinter» 1916/17 drastisch verschlechternde Ver-
sorgungslage verantwortlich machte. Der Kriegsverlauf spal-
tete die Deutschen in zwei ideologische Lager: Die Kriegsziele
der «Falken» liefen auf einen imperialistischen «Siegfrieden»
hinaus, der Deutschland Weltgeltung sichern sollte. Innenpolitisch strebten sie die «Entfernung des Giftes aus dem deutschen Volkskörper» an, womit vor allem das «internationale
Judentum» gemeint war. In diesem Lager befanden sich die

Spitzenverbände von Industrie und Landwirtschaft, die Konservative Partei, der Alldeutsche Verband und Teile der Nationalliberalen. Ihr Kampf richtete sich gegen die «Flaumacher», die einen Frieden ohne Annexion anstrebten und für Demokratie und soziale Rechte stritten. In diesem Lager fanden sich Liberale, Linke, Juden und Katholiken. Die Polarisierung zwischen beiden Lagern wuchs. Im Reichstag wurde 1917 mit den Stimmen von SPD, Fortschrittspartei und Zentrum eine Friedensresolution verabschiedet. Gegen diese von der Heeresleitung ignorierte Resolution gab es eine heftige Kampagne des AV, der BdL, der Veteranenverbände und antisemitischen Gruppen. Der AV warnte, «der Reichstag der Juden wird einen Judenfrieden machen!» Im September 1917 wurde vom späteren Putschisten Wolfgang Kapp und Admiral v. Tirpitz die «Deutsche Vaterlandspartei» gegründet, die als Sammelbecken völkisch-nationaler und annexionistischer Kreise zur mitgliederstärksten Partei des Kaiserreichs wurde.

Ein weiterer Streitpunkt war die schon vor dem Krieg debattierte «Ostjudenfrage», also die Einwanderung russischer Juden nach Deutschland (bis 1915 ca. 90000), die sich schon bald nach dem Kriegsausbruch intensivierte, da man nun mit der Ausdehnung Deutschlands nach Osten die Gefahr einer Masseneinwanderung heraufkommen sah. In der Broschüre «Die Ostjudenfrage, Zionismus und Grenzschluß» warnte Geheimrat Georg Fritz schon 1915 vor der Flut von «Millionen nicht nur armer, leiblich und sittlich verkümmerter Menschen, sondern rassefremder, verjudeter Mongolen». Für eine Grenzsperre für Ostjuden gab es durchaus auch Sympathie bei deutschen Juden, die eine Verschärfung des Antisemitismus befürchteten, warnten doch rechtsstehende Verbände, die verstärkte Zuwanderung würde zum Wiederaufleben der «Judenfrage» führen, die dann nur durch Aufhebung der Gleichberechtigung zu lösen wäre. Im April 1918 kam es dann zur medizinalpolitisch mit Fleckfieber begründeten Grenzschließung, obwohl man allenthalben in Osteuropa Fremdarbeiter für die deutsche Wirtschaft anwarb. Trotz der Proteste deutsch-jüdischer Organisationen und des Auswärtigen Amtes blieb die Grenzsperre bis Kriegsende bestehen.

Die Alldeutschen und andere völkische und antisemitische Gruppen mussten nicht den Waffenstillstand, die Abdankung des Kaisers und die Ausrufung der Republik im November 1918 abwarten, um den Juden die Schuld an der Niederlage zu geben, hatten sie doch bereits 1917 den Krieg in einen Kampf ums Dasein zwischen Deutschtum und Judentum umgedeutet. Noch im September 1918 gründeten sie zur Koordination der antisemitischen Aktivitäten einen «Ausschuss für die Bekämpfung des Judentums», der die Bereitschaft signalisierte, Antisemitismus bedenkenlos als politische Waffe bis hin zum Mord einzusetzen. Mit der «Dolchstoßlegende» besaß man ein wirksames Propagandainstrument, um die Wende des Krieges aus der Verantwortung des Militärs auf andere Gruppen wie Juden und Sozialdemokraten abzuschieben. Auf jüdischer Seite sah man diese Aktivitäten mit Sorge und fürchtete, dass man sich würde «auf einen Judenkrieg nach dem Kriege gefasst machen müssen».

Der Antisemitismus der Vor- und Nachkriegszeit besitzt starke organisatorische, personelle und inhaltliche Kontinuitäten, dennoch spricht vieles dafür, im Zusammenbruch der europäischen Ordnung von 1914 und im Erleben des ersten Massenkrieges und -todes eine Zäsur zu sehen. Die Erfahrung der «Urkatastrophe» des 20. Jahrhunderts – die Wirkung des Gaskrieges auf Adolf Hitler ist bekannt – hat gemeinsam mit der von Niederlage und Revolution vor allem, aber nicht nur in den Verliererstaaten zur Ausbreitung eines revolutionären Hypernationalismus (Faschismus) geführt und die Bereitschaft der Bevölkerung verstärkt, den «alten» Behauptungen der Antisemiten zu glauben, die «Lösung der Judenfrage» wäre die Lösung der sozialen und nationalen Probleme. Auch wenn die Wurzeln des deutschen und österreichischen Antisemitismus vor 1914 zu suchen sind, so erklären sich seine ungeheure Dynamik und Radikalität nach 1918 aus Krieg, Niederlage, Revolution und Gewalterfahrung. Auch das Beispiel Ungarn zeigt, wie ein scharfer politischer Antisemitismus relativ unvermittelt nach der Niederlage und den Gebietsverlusten von 1918 hervortrat. Offenbar sind durch den Ersten Weltkrieg und seine Folgen die Resonanzbedingungen für antisemitische Politik in vielen europäischen Staaten grundlegend verändert worden.

IV. Die Radikalisierung in der Zwischenkriegszeit

Von der Emanzipation bis zum Ausgang des Ersten Weltkriegs lässt sich an Frankreich, Deutschland, Österreich-Ungarn und dem Zarenreich die Entwicklung der Judenfeindschaft in Europa recht umfassend darstellen. Mit der Neuordnung Europas nach dem Prinzip nationaler Selbstbestimmung entstanden mit Polen, den baltischen Staaten, der Tschechoslowakei und Jugoslawien neue Staaten, in denen neben anderen nationalen Minoritäten auch große jüdische Minderheiten lebten. In diesen Staaten sowie in den Ländern, die wie das Deutsche Reich, Österreich und Ungarn den Krieg und Teile ihres Staatsgebietes verloren hatten, war die Zwischenkriegszeit durch eine Schwäche der Demokratie, Verhärtung des Nationalismus und nationales Machtstreben gekennzeichnet, was zu zahlreichen Grenzkonflikten und Nationalitätenkämpfen im Lande führte. Die Oktoberrevolution ließ zudem in den bürgerlichen Schichten ein Bedrohungsgefühl wachsen. In dieser Situation fand der Antisemitismus in einigen Bevölkerungsschichten Anklang, und er wurde für manche der in vielen europäischen Ländern entstehenden faschistischen Bewegungen und autoritären Regime zum Mittel der Politik.

In seinem Vergleich zwischen Deutschland und Ostmitteleuropa kommt William W. Hagen für diese Jahre zu dem Ergebnis, dass die Juden sich auch in Polen und anderen mittel- und osteuropäischen Staaten wie Ungarn und Rumänien einer Bedrohung ihres Status, wenn nicht ihrer physischen Existenz gegenüber sahen, die nicht nur von rechtsextremen Bewegungen ausging, sondern ihre tiefere Ursache in der strukturellen Krise der Beziehung zwischen jüdischen Gemeinden und dem sich modernisierenden Staat hatte. Bei allen nationalen Unterschieden war der Antisemitismus ein gemeinsames Phänomen in dieser Region Europas, das im wesentlichen in einer spezifischen Mittelklassenbildung begründet war, da hier im Unterschied zu West- und Südeuropa eine relativ große und ökonomisch erfolgreiche jüdische Stadtbevölkerung dem Aufstieg der neuen Mittelklasse im Wege zu stehen schien. Im aggressiven Kampf der neuen Mittelschichten (freie Berufe, Ingenieure, Lehrer, Journalisten) um Positionen im ökonomischen und beruflichen Leben, und im langwierigen Prozess der Ausformung ihrer nationalen Identitäten sieht Hagen die gemeinsame Ursache des virulenten Antisemitismus. Nach 1918 grassierte der Nationalismus in den aus der Konkursmasse des Habsburger- und des Zarenreiches entstehenden Nationalstaaten und richtete sich in «Volkstumskämpfen» nicht nur gegen die jüdische Minderheit. Judenhass verband sich mit der Ablehnung der vor dem Ersten Weltkrieg dominanten Nationalitäten, als deren Verbündete die Juden galten: So war der slowakische Antisemitismus antiungarisch, der ukrainische antipolnisch und der polnische antideutsch und antirussisch. Ebenso wichtig dürfte auch die retardierte Emanzipation der Juden in Osteuropa gewesen sein, die sie zu einer stärkeren sozialen und politischen Selbstbehauptung geführt hatte. Die Zwischenkriegszeit erlebte also den Kulminationspunkt einer Krise, die in Deutschland und Österreich um 1880 begann, nach Russisch-Polen ausstrahlte und spätestens nach dem Ersten Weltkrieg auf Ungarn, Rumänien, die Slowakei und die baltischen Staaten übergriff, in denen sich Juden den Angriffen der konkurrierenden Mittelschicht und Intelligenz, vor allem von Studenten, sowie von kleinen Geschäftsleuten und Bauern ausgesetzt sahen, deren Erwartungen auf ökonomische Verbesserung enttäuscht oder zyklischen Turbulenzen unterworfen waren. Die herrschenden Eliten konnten oder wollten diese Entwicklung nicht steuern, waren sie doch oft selbst antisemitisch eingestellt.

Weiter verschärft wurde der Antisemitismus ab 1933 durch den Einfluss des Dritten Reiches insbesondere auf das rechte Lager. Der Antisemitismus durchlief in der Zwischenkriegszeit in vielen europäischen Staaten und den USA drei Phasen: er trat in der Umbruchphase nach dem Ersten Weltkrieg z. T. eruptiv und gewalttätig zu Tage (1918–1923), flaute in den zwanziger Jahren etwas ab, um sich dann in den dreißigern erneut zu verschärfen. Trotz des ähnlichen Phasenverlaufs war der Antisemitismus jedoch in seiner Intensität und vorherrschenden Form verschieden.

Antisemitismus in den unruhigen Nachkriegsjahren

Kriegsniederlage, Systemwechsel und territoriale Verluste führten vor allem in Deutschland, Österreich und Ungarn zu einer politisch instabilen und konflikthaften Umbruchsituation, in der die Juden, von vielen als Revolutionäre, Parteigänger des neuen demokratischen Systems und Kriegsgewinnler betrachtet, zum Sündenbock wurden. Wie der gegen die Weimarer Republik, die Erste Republik Österreich und die Räterepublik Béla Kuns in Ungarn gebrauchte Schimpfname «Judenrepublik» anzeigt, bestand für die Judenfeinde nach 1918 eine neue Konstellation, da nun die Bekämpfung der Juden mit der des neuen demokratischen Staates zusammenfiel, während sie zuvor im Rahmen einer grundsätzlich bejahten Staatsform stattfand. So entstand in dem Klima innenpolitischer Gewalt nach dem Weltkrieg ein bis dahin nicht gekannter aktionistisch-radikaler Antisemitismus.

In der durch Existenznot, Zukunftsangst und revolutionäre politische Umbrüche geprägten Zeit wuchs die Anfälligkeit der Bevölkerung für judenfeindliche Deutungsmuster. In Deutschland führten die Kämpfe zwischen den liberalen und linken Parteien (Linksliberale, SPD, USPD, Spartakus), unter deren Führern viele Juden waren, die sich etwa in der Münchner Räteregierung oder im Spartakus-Bund und in den revolutionären Bewegungen Russlands und Ungarns hervortaten, und rechten bewaffneten Banden bei den Antisemiten, und nicht nur bei ihnen, zur folgenreichen Fusion von Juden und Bolschewismus, die an das Stereotyp des linken jüdischen Revolutionärs anknüpfte.

Die im letzten Kriegsjahr zunehmend aktiven und sich ideologisch radikalisierenden völkisch-antisemitischen Gruppen sowie die zahlreichen Neugründungen hatten starken Zulauf, so dass bald über hundert propagandistisch äußerst rege Bünde, Verbände und Zirkel tätig waren. Die beiden größten Organisationen waren die 1918 gegründete Deutschnationale Volkspartei (DNVP), die Nachfolgerin der antisemitischen Deutschvölkischen Partei, und der «Deutschvölkische Schutz- und Trutzbund» (DSTB). Letzterer vereinigte nach Uwe Lohalms grundlegender Studie die meisten bedeutenden antisemitischen Gruppierungen unter sich und baute ein dichtes Netz lokaler Organisationen auf, das von 1919 bis 1922 von 85 aktiven Ortsgruppen auf 530 anwuchs. Er übertraf an Mitgliederzahl (1922: mehr als 200000) und Agitationstätigkeit alle anderen Gruppierungen und war der primäre Träger des Radauantisemitismus. Mit z T. antikapitalistischer Stoßrichtung bekämpfte er auch die neue Staatsordnung. Von seinen Trägerschichten her war er mittelständisch geprägt (niedere Beamte, Handwerker, Gewerbetreibende), wobei die Führung sich aus dem gehobenen bis großbürgerlichen Mittelstand rekrutierte. Neben dem DSTB war es die DNVP (1919: 350000 Mitglieder, 1923: ca. 950000), in der die führenden Schichten des kaiserlichen Deutschland repräsentiert waren (Adel, Beamtentum, Offiziere, Agrarier, gewerblicher Mittelstand), die nicht nur für die Monarchie und einen autoritären Staat eintrat, sondern zum Sammelbecken im Kampf gegen den Versailler Vertrag und die Weimarer Demokratie wurde. Dabei radikalisierte sich die zuvor gemäßigt antisemitische Partei in ihrem Kampf gegen Judentum und Republik 1920/21 bis ins Rechtsextreme. Sympathie und Unterstützung fanden diese Organisationen bis weit ins nationalgesinnte Bürgertum hinein. So traten bei ihren Kundgebungen und Demonstrationen Generäle, Wirtschaftsführer, Staatsbeamte und Theologen neben dem antisemitischen Literaturhistoriker

Adolf Bartels und frühen Weggefährten Hitlers wie Gottfried Feder und Dietrich Eckardt auf.

Durch diese Organisationen brach in den ersten Nachkriegsjahren eine «gewaltige antisemitische Sturmflut» (so Alfred Wiener 1919) über Deutschland herein. Die Propaganda bediente sich neuartiger Formen und erreichte riesige Ausmaße: allein 1920 wurden 7,9 Millionen Klebemarken, 7,5 Millionen Flugblätter und 4,8 Millionen Handzettel verteilt. Dazu kamen noch 20 Millionen Zeitschriften, Broschüren und Bücher, in denen völkisches und antisemitisches Gedankengut verbreitet wurde. Der noch vor Ende des Krieges erschienene rassistisch-pornographische Kolportageroman «Sünde wider das Blut» von Artur Dinter erreichte von 1917–22 eine Auflage von zweihunderttausend Exemplaren und mehrere hunderttausend wurden von der 1919 erschienenen deutschen Ausgabe der «Protokolle der Weisen von Zion» abgesetzt, dem Werk des zaristischen Geheimdienstes, das die These von der jüdischen Weltverschwörung verbreitete. Mit den «Protokollen» hatte der Antisemitismus sein «Welterklärungsmodell» gefunden: Hinter der Bedrohung durch die bolschewistische Weltrevolution stand demnach ebenso das «Weltjudentum» wie hinter der krisenhaften Entwicklung des Kapitalismus mit Inflation und Weltwirtschaftskrise.

War der Antisemitismus bis 1918 wesentlich einer des geschriebenen und öffentlich gesprochenen Wortes gewesen, so drängte er nun zur Aktion. Der DTSB drohte mit Gewalt und Mord und veröffentlichte Listen mit den Namen von «Schädlingen». Er war zudem ein wichtiges Verbindungsglied zu den ebenfalls antisemitischen Freikorps, Wehr- und Heimatverbänden, Geheimorden und Terrorgruppen. Die frühen Weimarer Jahre waren denn auch gekennzeichnet durch Putschversuche, Mord- und Terroranschläge, denen zwischen 1919 und 1922 Juden, Kommunisten und Repräsentanten der Wiemarer Republik zum Opfer fielen. Auch die frühe NSDAP begann, wie Dirk Walter für München gezeigt hat, ab 1921 mit Kampagnen gegen jüdische Geschäftsleute und griff prominente Juden und Funktionäre jüdischer Organisationen auf offener Straße an. Erst der Mord an Außenminister Rathenau führte 1922 in den meisten deutschen Ländern zum Verbot des DSTB, der sich auf Grund innerer Zerwürfnisse und ideologisch-politischer Perspektivlosigkeit ohnehin im Niedergang befand, da Antisemitismus allein politisch keinen Erfolg versprach. Die DNVP reagierte auf die Welle von Friedhofsschändungen, Übergriffen auf Synagogen und Attentaten mit dem Ausschluss der Radikalen.

Die frühe NSDAP war um diese Zeit eine von vielen rechtsextremistischen Gruppierungen, auf deren späteren Erfolg nichts hindeutete. Ihr Antisemitismus stellte lediglich eine Verdichtung und Radikalisierung der völkisch-imperialistischen Ideen aus der Zeit vor 1918 dar und unterschied sich kaum von der hasserfüllten antisemitischen Propaganda anderer völkischer Organisationen. Er bekam aber durch den persönlichen Fanatismus Hitlers und die Dynamik der NS-Bewegung einen anderen Stellenwert. Die NSDAP gab sich im Februar 1920 ein Programm, das Juden aus dem Kreis der «Volksgenossen» und Staatsbürger ausschließen, sie als «Gäste» unter Fremdenrecht stellen und eingewanderte Juden ausweisen wollte. Ihr Antisemitismus besaß einen Doppelcharakter als der «gefühlsmäßige Unterbau der Bewegung» (Gottfried Feder) und als propagandistisches Instrument, um die Verbitterung der Massen auf einen einzigen «Feind» zu lenken. Hitler propagierte einen «Antisemitismus der Vernunft», dessen Basis ein aus pseudowissenschaftlichen Theoremen zusammengesetztes sozialdarwinistisches Verständnis der Weltgeschichte als «Rassenkampf» bildete. In diesem Rassismus verbanden sich Antisemitismus, Rassenutopie, Gesellschaftsbiologie und Rassenhygiene. In diesem manichäischen Denksystem wurden Juden anders als andere «Nicht-Arier», die in einer Rassenhierarchie auf eine niedrigere Stufe gestellt wurden, als mächtige «Gegenrasse» und «Negativtypus» dem Idealtyp des Ariers gegenübergestellt. Die Definition über das «Blut» war zudem mit der des «jüdischen Geistes» verbunden, denn man sah in Liberalismus, Kapitalismus, Bolschewismus und Freimaurertum zugleich den Ausdruck des jüdisch-materialistischen Geistes sowie Herrschaftsinstrumente des Judentums. Das «internationale Judentum» wurde in seinem «Streben nach Weltherrschaft» als treibende Kraft hinter allen innen- wie außenpolitischen Problemen vermutet. Damit nahm der Kampf gegen das Judentum Züge eines apokalyptischen Endkampfes an, in dem es um Erlösung oder Vernichtung ging. Saul Friedländer hat dafür den Begriff «Erlösungsantisemitismus» geprägt. Dieser nahm alle Motive der antisemitischen Tradition in sich auf, weshalb das Bild des «Juden» zwischen dem eines fast übermächtigen Feindes und dem des «Untermenschen» changierte, der als «Parasit» in anderen Völkern lebt und sie durch Rassenmischung zerstört.

Antisemitismus und antijüdische Gewalt finden wir in der frühen Weimarer Republik nicht nur bei antisemitischen Organisationen, sondern auch in der staatlichen Politik und in Teilen der Bevölkerung. Die Inflation der Nachkriegsjahre hatte zur Verarmung der Mittelschichten, zu Arbeitslosigkeit und Not geführt, was eine politische Radikalisierung und die Suche nach Schuldigen für die Misere auslöste, die man in «jüdischen Spekulanten» gefunden zu haben glaubte. 1923 kam es zu antijüdischen Ausschreitungen: Das von Lebensmittelkrawallen erschütterte Berlin erlebte im November das «Scheunenviertelpogrom», in dem vor allem Arbeitslose, wohl aufgehetzt von völkischen Agitatoren, über die Ostjuden des Viertels herfielen. Das Feindbild «Ostjuden», wie die Juden aus osteuropäischen Ländern genannt wurden, die als Vertreter einer orthodoxen Ghetto-Kultur an Kleidung und Sprache oft äußerlich erkennbar waren, bestimmte auch die Politik. Diese Zuwanderer, die ungefähr ein Viertel der 560000 Juden in Deutschland ausmachten, besaßen z.T. die russische oder polnische Staatsbürgerschaft oder waren als ehemalige zaristische Untertanen nun staatenlos. Dies ließ sie zur Zielscheibe einer rigiden staatlichen Ausweisungs- und Internierungspolitik und einer «Ostjudenkampagne» der DNVP werden.

Die Trägerschichten des Antisemitismus waren Angestellte und Beamte sowie Berufsgruppen, die sich in Konkurrenz zu

Juden sahen, also der selbständige Mittelstand, Kaufleute, Kleinunternehmer und Handwerker, freiberufliche Akademiker (Ärzte und Rechtsanwälte) sowie Studenten. Die Burschenschaften schlossen jüdische Kommilitonen und «Alte Herren» bereits ab 1919 aus. Für das politische Gewicht des Antisemitismus ist neben der Stärke seiner Trägerschichten die Haltung der übrigen politischen Kräfte entscheidend. Gerade in der wachsenden Schwäche der Gegenkräfte liegt eine Wurzel für das Vordringen des Antisemitismus am Ende der Weimarer Republik, denn in seiner extremen Form kam er mit der NSDAP erst spät zum politischen Erfolg, doch nutzte ihn die antirepublikanisch-monarchistische DNVP, der antisemitisch orientierte Organisationen wie der DHV, der Stahlhelm und der Reichs-Landbund nahe standen, als politisches Instrument. Mit dem Aufstieg der NSDAP radikalisierte die DNVP ihre Politik: sie schloß Juden aus der Partei aus und setzte auf scharfe antisemitische Propaganda. Die Parteien des Katholizismus (Zentrum, Bayrische Volkspartei) verhielten sich zwiespältig. Einerseits gab es eine verbreitete Antipathie gegen Juden im katholischen Milieu, andererseits war man Gegner der völkisch-nationalen Parteien und ihrer Rassenideologie. Die BVP steuerte einen Konfrontationskurs gegen die NSDAP, während das Zentrum einen Rechtskurs einschlug und mit der NSDAP verhandelte, mit deren Antimarxismus es übereinstimmte. Gegenüber den Juden vertrat das Zentrum jedoch eine Toleranzpolitik. Die beiden liberalen Parteien, die viele jüdische Mitglieder und Wähler hatten, lehnten Antisemitismus ab. Die nationalliberale DVP vermied aber als nationale «Partei der Unternehmer», deren Wähler aus Industrie und Bildungsbürgertum der völkischen Ideologie anhingen, eine klare Stellungnahme in der «Judenfrage». Nach dem Tod Stresemanns 1929 ging es mit der Partei rasch bergab (von 10 % auf 1–2 % der Stimmen), und sie wurde offen antisemitisch. Die linksliberale Deutsche Demokratische Partei bekämpfte den Antisemitismus, hatte aber einen ständigen Stimmenschwund hinzunehmen (von 18 % im Jahre 1919 auf 1 % 1932) und verband sich 1932 mit dem antise-

mitischen Jungdeutschen Orden zur Deutschen Staatspartei.
Damit war der Liberalismus als Gegner des Nationalsozialismus und Antisemitismus in der Endphase der Republik nicht
mehr präsent. Es blieb als entschiedener Gegner nur noch die
SPD. Auf Grund ihrer marxistischen Theorie unterschätzte
sie den Antisemitismus, den sie nur in seiner Funktion für
«das Kapital» sah. Auch wenn sich in der Arbeiterschaft am
Ende der Republik ideologische Erosionserscheinungen zeigten, blieb die SPD die einzige Partei, auf die sich die jüdische
Minderheit im Kampf gegen den Antisemitismus verlassen
konnte. Dagegen verhielt sich die KPD widersprüchlich: sie
kämpfte gegen die Rechtsparteien, war aber zugleich Gegner
des demokratischen Staates, so dass sie 1919/20, 1923 und
1930–1932 versuchte, eine Brücke von der extremen Linken zur extremen Rechten zu schlagen und in den Slogan
«Nieder mit der Judenrepublik!» einstimmte. Auch von den
Kirchen konnten die Juden wenig Unterstützung erwarten.
Die Haltung der katholischen Kirche war ambivalent. Sie
lehnte zwar den politischen, rassischen Antisemitismus ab,
doch verhinderte ihr traditioneller Antijudaismus eine klare
pro-jüdische Stellungnahme. Das protestantische Sozialmilieu
war auf Grund seiner deutsch-nationalen Verankerung stärker
völkisch und damit antijüdisch orientiert, selbst in der Bekennenden Kirche waren nach 1933 ein christlicher Antijudaismus und eine unsichere Haltung in der «Judenfrage» vorherrschend.

Das Ende der Hyperinflation und die wirtschaftliche und
politische Stabilisierung brachten der Weimarer Republik
zwischen 1924 und 1928 eine ruhigere Phase, auch wenn das
soziale und politische Klima rau blieb und die antisemitische
Hetze nachwirkte. Der Central-Verein deutscher Staatsbürger
jüdischen Glaubens (CV) berichtete in seiner Zeitung über
«kalte Pogrome» auf dem Lande und in Kleinstädten. Die
schon im Kaiserreich praktizierte Diskriminierung von Juden
in Urlaubsorten, der sog. «Bäder-Antisemitismus» radikalisierte sich in den 2oer Jahren (Frank Bajohr), und es gab Firmen,
die Juden vorsätzlich entließen oder nicht einstellten. Nach

Auffassung Werner Jochmanns begann eine «Periode stiller, aber bewusster Ausgrenzung» seitens des konservativen Bürgertums, das Juden aus den Universitäten, der Verwaltung, Vereinen und nationalistischen Organisationen hinausdrängte. Auf der anderen Seite brachte die Weimarer Republik die volle Verwirklichung der Emanzipation, und die stark ansteigende Zahl der «Mischehen» (37% aller Eheschließungen von Juden, in Großstädten sogar bis 60%) kann ebenso als ein Indiz für die zunehmende Integration gewertet werden wie die geringe Resonanz des Zionismus unter deutschen Juden. Man kann von einer Blütezeit des deutschen Judentums sprechen, wenn auch Geburtenrückgang und Überalterung sowie wirtschaftliche Stagnation Sorgen bereiteten, und, gespeist aus der Enttäuschung im Ersten Weltkrieg, eine Rückbesinnung auf die jüdische Tradition einsetzte.

Mit der Auflösung des Habsburger Reiches blieben in der auf ein Fünftel des Staatsgebiets geschrumpften Republik Österreich die Juden als «solitary scapegoats» (George Berkeley) übrig, denen man die Schuld für die «nationale Demütigung», die politische Instabilität und die ökonomische Krise nach dem Ende des Weltkriegs geben konnte, da man in ihnen wie in Deutschland Kriegs- und Inflationsgewinnler sah. Die Christlich-soziale Partei rief in ihrem Manifest vom 24. Dezember 1918 das «deutsch-österreichische Volk zum schärfsten Abwehrkampf gegen die jüdische Gefahr» im neuen Staate auf. Diese Christlich-sozialen stellten zusammen mit der alldeutsch ausgerichteten Großdeutschen Volkspartei (GVP), von der kurzen sozialdemokratischen Anfangsphase abgesehen, bis 1932 die Regierung, so dass Österreich anders als Deutschland in dieser Zeit von antisemitisch orientierten Parteien regiert wurde.

Schon während des Krieges hatte es feindselige Reaktionen auf die oft mittellosen 77000 ostjüdischen Kriegsflüchtlinge aus Galizien gegeben, die ab 1915 in Wien die Cafés und Straßen der Leopoldstadt bevölkerten und mit denen sich die jüdische Bevölkerung Wiens fast über Nacht verdoppelt hatte. 1923 machten die 200000 Juden dort über 10% der Bevölke-

rung aus, während im übrigen Land nur 15–20000 Juden lebten. Anstoß erregte bei den Antisemiten vor allem die herausgehobene ökonomische und kulturelle Stellung der Wiener
Juden, die neben den freien Berufen (1934: 62 % der Wiener
Anwälte und Zahnärzte, 47 % der Ärzte) auch über 70 % im
Wein- und Textilhandel stellten. Außerdem konzentrierte sich
in ihren Augen eine enorme Medienmacht in jüdischen Hän-
den, waren doch kurz vor dem Krieg zwei Drittel der Zei-
tungsherausgeber Juden. Es war aber nicht allein diese schon
vor dem Krieg existierende Berufsstruktur für das Aufkommen des Antisemitismus nach dem Krieg verantwortlich. Hinzu kam, dass das geschrumpfte Österreich nun eine über-
besetzte Verwaltung besaß, so dass viele Arbeitsuchende als
Alternative nun in die traditionell «jüdischen Berufe» in der
Industrie und den freien Berufen drängten. Die Inflation der
Jahre 1921–22 und die Weltwirtschaftskrise Ende der zwanziger Jahre mit ihrer hohen Arbeitslosigkeit verschärften diese
Konkurrenzsituation noch.

Schon vor dem Krieg hatten viele Österreicher in Wien,
obwohl es von 1897 bis 1910 von dem antisemitischen christ-
lichsozialen Bürgermeister Karl Lueger regiert wurde, eine
Stadt der Dekadenz und des Völkergemisches gesehen, so dass
man sie nun – ein Wasserkopf im kleinen Land – mit noch
mehr Misstrauen betrachtete, zumal die Stadt bis 1934 von
reformfreudigen, aber durchaus orthodox marxistischen Sozialdemokraten regiert wurde, unter denen es viele Juden gab.
Für den katholischen Klerus und die österreichische Bevölkerung war das «Rote Wien» geprägt von «typisch jüdischen»
Eigenschaften: Materialismus, Parasitentum, Revolution. Wie
in Deutschland und Ungarn wurden Juden mit Modernisierung und Bolschewismus identifiziert, und die Christlich-Sozialen nutzten Antisemitismus als Waffe gegen ihre sozialdemokratischen Gegner. Ihre antijüdische Agitation rief aber
auch zu Gewalt auf, und es kam in Wien sporadisch zu antijüdischen Ausschreitungen, wobei auch hier die «Ostjuden»
das Hauptziel waren. Während die Sozialdemokratie die antisemitische Propaganda einzudämmen suchte, unterstützten

einige ihrer Politiker dennoch eine Politik, die die Rechte der Ostjuden einschränkte und auch vor Ausweisungen nicht zurückschreckte. 1920 begannen einige Erholungsorte, jüdischen Gästen den Aufenthalt zu verbieten, 1921 führte der Deutschösterreichische Alpenverein auf Drängen seines österreichischen Zweiges einen «Arierparagraphen» ein. Wie in Deutschland war Antisemitismus unter Studenten weit verbreitet, und es kam immer wieder zu gewalttätigen Übergriffen. Bis 1923 hielt die antisemitische Nachkriegswelle mit ihren großen Massendemonstrationen an, die von den Sozialdemokraten nur halbherzig bekämpft und zum Teil sogar ausgenutzt wurde, da die Partei auf die Antisemiten in ihren eigenen Reihen und in der Wählerschaft Rücksicht nahm, zumal alle größeren Parteien Antisemitismus im Wahlkampf nutzten.

Nach 1923 flaute der Antisemitismus etwas ab, da den Christlich-Sozialen ihre Regierungsbeteiligung und ihr wirtschaftsfreundlicher Kurs Mäßigung angeraten sein ließen und sich das «Ostjudenproblem» durch Rück- und Abwanderung bzw. Integration in Österreich entschärft hatte. Wie in Deutschland brachte der wirtschaftliche Aufschwung trotz weiterhin hoher Arbeitslosigkeit einen Stimmungsumschwung. Dennoch blieb der Kampf gegen den «zerstörerischen und revolutionären Einfluss der Juden» in Wirtschaft und Kultur ein Programmpunkt der Christlich-sozialen Partei, den sie aber nicht gesetzgeberisch umsetzte. Ihr Antisemitismus war, ähnlich wie der des katholischen Klerus, nicht rassistisch, sondern Ausdruck ihres religiös-kulturellen und sozialen Kampfes gegen die Moderne, in der man «jüdischen Geist» am Werke sah. Von der Heimwehr (ca. 400000 Mitglieder), einer paramilitärischen, antisozialistischen Organisation zum Schutz der Grenzen, über die Erben Georg von Schönerers in der GVP bis hin zum «überparteilichen» Antisemitenbund und zur NSDAP nahmen sowohl der Rassismus wie die Radikalität des Antisemitismus zu. So blieb auch in Österreich nur die Sozialdemokratie als Gegner des Antisemitismus übrig.

Selbst in Ungarn beendete der Zusammenbruch der Vorkriegsordnung das «goldene Zeitalter» der ungarisch-jüdischen Beziehungen. Das Land gehörte zu den Verlierern des Krieges und büßte im Frieden von Trianon 1920 große Teile seines Staatsgebietes ein, was es nicht nur von einem multiethnischen in einen Nationalstaat verwandelte, sondern auch einen nationalen Chauvinismus und territorialen Revisionismus entstehen ließ. Wie in Deutschland rückte die «Judenfrage» in den Vordergrund, so als ob von ihr die nationale Zukunft abhinge. Die Revolution und die Machtübernahme einer probolschewistischen Räteregierung unter Béla Kun, deren Führung mehrheitlich aus Juden bestand, ließen diese kollektiv als Verräter an der nationalen Sache Ungarns und «Speerspitze» Russlands erscheinen. Die Beseitigung diese Regimes war 1919/20 von Massendemonstrationen und Pogromen begleitet (von ca. 2000 Opfern waren die Hälfte Juden), die im Zuge des «Weißen Terrors» vor allem von der «Nationalen Armee» unter dem späteren Reichsverweser Miklós Horthy, von paramilitärischen Einheiten und radikalantisemitischen studentischen Bereitschaftspolizeibataillonen ausgingen. Diese Gewalt, von der herrschenden Schicht als gerechte Strafe toleriert, markiert den Wendepunkt im ungarisch-jüdischen Verhältnis. Ezra Mendelsohn sieht Ungarn als einzigartiges Beispiel dafür, wie ein Land gleichsam über Nacht zu einem Ort antisemitischer Gewalt und Hysterie werden konnte. Die Juden galten den ungarischen Antisemiten als wenig assimiliert, wurzellos und internationalistisch. So konnten Antisemitismus und Antikommunismus zur wirkungsvollen gegenrevolutionären Ideologie einer «ungarischen Revolution» zusammengeschweißt werden. Nachdem die Juden im multiethnischen Ungarn eng mit dem landbesitzenden Adel und dem Großbürgertum kooperiert hatten und als Vertreter des Magyarentums für diese wichtige Verbündete gegen die anderen Minoritäten gewesen waren, zerbrach dieses Bündnis nun, und die Juden standen als Träger und Nutznießer des gescheiterten liberalen Systems am Pranger. Vor allem die Mittelschicht, die sich als dritte politische Kraft neben den Landbesitzern und der Großbourgeoisie etablierte, wandte sich gegen die Gleichberechtigung der Juden. Ab 1919 wurde der

Antisemitismus ein Element einer nationalchristlichen Politik, die bis Mitte der zwanziger Jahre die Wiederbegründung der im Krieg suspendierten jüdischen Organisationen und Vereine verbot und 1920 als erstes antisemitisches Gesetz im Nachkriegseuropa ein «Numerus Clausus-Gesetz» in Kraft setzte, wonach Juden nur entsprechend ihrem Bevölkerungsanteil Zugang zur Universität bekamen. Die Verwaltung erließ zahlreiche Verordnungen, um Juden im Berufsleben zu behindern (Entzug von Konzessionen, Pensionierungen). Mit der konterrevolutionären Restauration unter Horthy und der Regierung István Bethlens (1921–1931) besserte sich die Lage, da diese den Einfluss des Antisemitismus zu begrenzen suchten, ohne allerdings zu einer liberalen Politik zurückzukehren und den Einfluss der extremen und antisemitischen Rechten wirkungsvoll eindämmen zu können. Für den radikalen Flügel des Regierungslagers um Gyula Gömbös war diese Politik bereits «philosemitisch», so dass er sich abspaltete und 1924 die rechtsextreme «Ungarische Nationale Unabhängigkeitspartei» mit einem rassistischen Programm gründete, das auf eine weitgehende Verdrängung der Juden aus der Wirtschaft zielte. Verglichen mit Polen oder Deutschland blieb die ökonomische Situation der Juden durch ihr Bündnis mit der alten regierenden Elite stark, doch wurden sie zunehmend aus dem akademischen Leben, aus Verwaltung und Politik verdrängt.

Die Gründung der neuen osteuropäischen Staaten, etwa Polens, Litauens, der Ukraine und der Tschechoslowakei, war von antijüdischer Gewalt begleitet. In Polen und der Slowakei warf man den Juden ihre frühere Loyalität zum Habsburger Reich vor und schätzte sie – nicht ganz zu Unrecht – als wenig patriotisch ein. Mit dem Tag der Ausrufung des neuen polnischen Staates brachen landesweit von Polizei und Militär unterstützte Pogrome aus, die von einer Hetzkampagne der rechten Endeks-Presse begleitet wurden, die den Juden vorwarf, polnische Kinder getötet, mit den Besatzungsmächten im Krieg kollaboriert und im polnisch-ukrainischen Grenzkrieg Verrat begangen zu haben. Die Regierung traf keine Gegenmaßnahmen und leugnete wegen der anstehenden Friedensverhandlungen in Versailles schlicht die Übergriffe. Wie im übrigen Ost- und Mitteleuropa finden wir in Polen zwischen 1918 und 1923 einen radikalen Antisemitismus. Danach existierte er verdeckt fort; so wurde ein numerus clausus für jüdische Studenten über geheime administrative Anweisungen praktiziert, da entsprechende Gesetze gegen die Minderheitenverträge verstoßen hätten. Der Antisemitismus im neuen Polen muss im Kontext der Nationalitätenpolitik gesehen werden. Pole war im polnischen Selbstverständnis nur ein Katholik und polnisch sprechender Bürger, die großen Minderheiten der Juden, Deutschen und Ukrainer erfüllten diese Bedingungen nicht. Ihnen mussten 1919 Minderheitenrechte vertraglich zugesichert werden, was als «Diktat der Alliierten» den nun triumphierenden Nationalismus der Polen verletzte, zumal diese Minderheiten (ein Drittel der Bevölkerung) ihrerseits nationalistisch waren, so dass nicht nur der polnische Wunsch nach nationaler Einheit unerfüllt blieb, sondern Polen sich lokal und regional sogar in der Minderheit befinden konnten. Die polnischen Juden, die häufig in Dreierkonstellationen mit Polen und Deutschen (in Oberschlesien) oder Polen und Litauern (in Wilna) lebten, mussten in dieser Zeit erkennen, dass alle diese Gruppen, ob Litauer, Deutsche, Ukrainer, Weissrussen oder Polen, antisemitisch waren. Ihnen fehlte zudem anders als Deutschen und Ukrainern die Unterstützung eines Nachbarstaates. Im Unterschied zu Westeuropa und Deutschland bildeten die Juden eine bedeutende Minderheit von ca. 10 %, in städtischen Zentren durchschnittlich sogar von 30 %. Dieser hohe Bevölkerungsanteil und der im Minderheitenschutzabkommen zugesicherte institutionelle Spielraum führten dazu, dass die polnischen (wie viele andere osteuropäische) Juden an ihrer Sprache und Kultur festhielten (viele waren orthodox oder chassidisch, die säkularen Juden zionistisch) und sich auch politisch in eigenen Parteien organisierten, so dass die jüdisch-polnische Differenz über den Unterschied der Religion hinausging.

Die polnischen Juden besaßen eine ähnliche Berufsstruktur wie die westeuropäischen, hier allerdings im Kontext einer überwiegend agrarischen Gesellschaft (60 % der Polen waren in der Landwirtschaft tätig, nur 4 % der Juden), lebten aber zumeist in bescheidenen Verhältnissen. Diese Berufsstruktur wurde angesichts der rückständigen polnischen Ökonomie zu einem grundlegenden Faktor des Antisemitismus, der hier nicht auf einer Krise des Kapitalismus beruhte, sondern auf dessen Unterentwicklung, die dazu führte, dass aufstrebende, besser ausgebildete Generationen von Polen keine ihnen entsprechenden wirtschaftlichen Positionen bekamen, was auch die polnische Intelligenz durch und durch antisemitisch werden ließ. Isaac Giterman, Vertreter der jüdischen Hilfsorganisation Joint Distribution Committee in Warschau, nannte 1934 den polnischen Antisemitismus «substantially economic and a fight for bread». Nimmt man den katholisch geprägten, volkskulturellen Antisemitismus hinzu, wird klar, dass tiefsitzender Judenhaß ein wichtiges Element in der politischen und sozialen Atmosphäre Polens war.

In Frankreich und England schweißte der Krieg die jüdische und nicht-jüdische Bevölkerung enger zusammen. In Frankreich wurde der Antisemitismus durch den Krieg weiter geschwächt, da die gemeinsame politische Front in der «Union Sacrée» Juden Raum für Integration bot. Sogar die Rechten der «Action Française», wie Leon Daudet und Charles Maurras, stellten sich in dieser Situation auf die Seite der Republik. Die Unruhen und Streiks (1917), die riesigen Verluste an Menschen und Material sowie die enormen Kriegsfolgelasten wurden bei den alliierten Siegern nicht den Juden angelastet. In den Wahlen von 1919 nutzte zwar der rechte Bloc National das neue, durch die russische Revolution entstandene Schreckbild des revolutionären Juden erfolgreich für seinen antisozialistischen Wahlkampf, doch waren Juden ein in Staat und Parteisystem akzeptierter Teil der Republik, so dass der Antisemitismus in den zwanziger Jahren marginal blieb und von der weit verbreiteten Xenophobie überlagert wurde.

In anderen europäischen Ländern spielte Antisemitismus in der Zwischenkriegszeit selbst in den faschistischen Bewegungen keine zentrale Rolle (Italien, Spanien, Niederlande, Finnland, Bulgarien). Sir Oswald Mosley, der Führer der britischen Faschisten, behauptete 1933 sogar: «Fascism is in no sense anti-Semitic». Dennoch nahm der Antisemitismus auch in Großbritannien in dieser Zeit zu. Der steile Anstieg der Zahl jüdischer Einwanderer aus Osteuropa ab 1881 (von 35 000 im Jahre 1850 auf 243 000 im Jahre 1910) und ihre ghetto-ähnliche Ansiedlung führten in einigen englischen Großstädten zu Spannungen bis hin zu Ausschreitungen. Finanzskandale, in die auch jüdische Regierungsmitglieder und Wirtschaftsführer verstrickt waren, ließen das Bild «Shylocks» wiederaufleben, Juden wurden mit internationaler Finanz- und Pressemacht in Verbindung gebracht, nach der Oktoberrevolution wurde die Angst vor einer kommunistischen jüdischen Weltverschwörung geschürt, und rassistische Anschauungen fanden auch in England Anklang. Dennoch blieben dies private, politisch nicht mobilisierbare Vorurteile, zumal – trotz gelegentlicher Ausnahmen – die Abneigung fortbestand, Antisemitismus politisch einzusetzen. Während einige Forscher dies auf das Fehlen einer, der kontinentaleuropäischen entsprechenden antisemitischen Tradition in England zurückführen, da antisemitische Autoren wenig öffentliche Resonanz fanden und kaum Einfluss auf ihre Zeitgenossen hatten, sehen andere durchaus eine solche Tradition, die sich an der Masseneinwanderung entzündete. Die Einwanderer wurden jedoch eher entlang der Klassengrenze als arme Unterschicht abgelehnt und nicht so sehr wegen ihrer ethnischen Herkunft und Religion. Wenn man von einer englischen Tradition der Judenfeindschaft sprechen kann, dann eher in der gemäßigten Form sozialer Vorurteile.

In dieser angelsächsischen Form trat Antisemitismus auch in den USA auf, wo er nur zwischen 1920 und 1945 eine gewisse politische Rolle gespielt hat. Auch wenn es während der gesamten amerikanischen Geschichte Antisemitismus gab, so war er doch schwächer ausgeprägt als in allen anderen christlichen Ländern. In der multiethnischen Einwandergesellschaft der USA waren Juden von Beginn an gleichberechtigte Bürger. Dennoch gab es in der protestantisch dominierten amerikanischen Gesellschaft antijüdische (wie auch antikatholische)

Vorurteile und – ähnlich wie in England – in den höheren Schichten soziale Distanz zu Juden.

Zum Anstieg xenophober, darunter antisemitischer Haltungen führte die Masseneinwanderung im späten 19. und frühen 20. Jahrhundert, die ungefähr zwei Millionen verarmte osteuropäische Juden ins Land brachte. Zwischen 1919 und 1933 wurden durch restriktive Einwanderungsgesetze Barrieren aufgerichtet und Chancen für Juden begrenzt. Dieser Antagonismus war einerseits auf den raschen sozialen Aufstieg von Kindern jüdischer Einwanderer zurückzuführen, gegen den sich in den protestantischen Mittel- und Oberschichten starker Widerstand regte, zum anderen auf den Einfluss pseudowissenschaftlicher Rassentheorien, die «nordische» Amerikaner «asiatischen» oder «mongolischen» süd- und osteuropäischen Einwanderern gegenüberstellten. Wie in Europa wurden Juden mit Sozialismus identifiziert und damit zu Trägern ausländischer subversiver Ideologien («rote Gefahr»), die amerikanische Werte bedrohten. Die Publikation der «Protokolle der Weisen von Zion» 1920 gab Verschwörungstheorien Auftrieb, und es blieb nicht ohne Wirkung, dass die von dem Autofabrikanten Henry Ford herausgegebene Zeitung «The Dearborn Independent», deren Auflage sich von 1920 bis 1924 auf 700000 verzehnfachte, laufend Artikelserien über den weltbeherrschenden finanziellen Einfluss des «internationalen Judentums» publizierte, die bei vielen Amerikanern auf begeisterte Zustimmung stießen. Es fehlte jedoch nicht an Gegenstimmen, wie etwa des Federal Council of Churches, die diese antijüdischen Angriffe verurteilten. Wurde diese Form des Antisemitismus von vielen abgelehnt, so gab es in den Eliten doch Vorbehalte gegen die «Überrepräsentation» jüdischer Studenten an den Universitäten, die dann in den zwanziger Jahren deren Aufnahme begrenzten. Man fürchtete, die angelsächsische Kultur würde durch die «Horden der Fremden» unterminiert werden. Jüdische Studenten begegneten in den Bildungseinrichtungen snobistischer Ablehnung und informeller Ausgrenzung. Diese Diskriminierung war in vielen Berufszweigen (Banken, Verlage, Industrieunternehmen), die christliche Bewerber vorzogen, sowie in exklusiven Clubs, Hotels in Badeorten und bevorzugten Wohngebieten üblich. Ende der zwanziger Jahre ebbte der Antisemitismus, ohne im politischen System Widerhall gefunden zu haben, zunächst wieder ab.

In Russland wurden die Juden mit der Revolution im März 1917 gleichberechtigte Bürger, da die liberalen und sozialistischen Parteien des vorrevolutionären Russland, eingeschlossen die Bolschewiki, Antisemitismus als reaktionäre Ideologie des Zarismus bekämpften. Auch in der Ukraine, die sich im Sommer 1917 für unabhängig erklärte, verkündete 1918 ein Dekret die völlige Gleichstellung und sogar nationale Minderheitenrechte. Dennoch sollten Revolution und Bürgerkrieg (1917–1921) den Juden eine neue Leidenszeit bringen, denn Antisemitismus war insbesondere für die ukrainischen und «weißen» Gegner der Bolschewiki eine mobilisierende Kraft, die in der Revolution die nur schlecht verhüllte Machtübernahme des «Weltjudentums» sahen. Die Konterrevolutionäre schufen so das wirkungsmächtige Feindbild des «Judäokommunismus». Die Brutalität der bolschewistischen Abrechnung mit der Bourgeoisie und ihre Requirierung landwirtschaftlicher Güter erschienen vielen als Politik einer «fremden Macht», so dass die «Weissen» an das Stereotyp vom «fremden Juden» anknüpfen konnten. Die Juden gerieten zwischen die Fronten und wurden Opfer zahlloser Pogrome (31000 Opfer sind dokumentiert, doch geht man heute von 60000 bis 250000 aus), die von kaum kontrollierbaren Truppen und marodierenden Banden unter dem Banner des antibolschewistischen Kampfes ausgingen. Es gab vereinzelt auch Übergriffe von Rotgardisten, die die Juden kollektiv zur Bourgeoisie zählten, der in der «Stunde der Rache» der Garaus gemacht werden sollte. Eine Folge des Bürgerkriegs war die Infizierung weiter Bevölkerungskreise mit Antisemitismus, der zuvor primär im Adel und in nationalistischen Kreisen verbreitet gewesen war. Bereits 1918 beschloss deshalb das Komitee der Volkskommissare Maßnahmen zu seiner Bekämpfung, zumal er als Mittel der Konterrevolution galt. Lenin hielt im März 1919 eine oft wiederholte Rundfunkrede gegen den Antisemitismus, der

gesetzlich verboten und ab 1920 mit intensiver Aufklärungsarbeit bekämpft, wenn auch nur milde strafrechtlich verfolgt
wurde. Als Minderheit bekamen die Juden nach der Revolution das Recht auf Jiddisch als Verwaltungssprache und auf die
Bildung jüdischer Sowjets. Andererseits verfolgte das neue Regime eine antireligiöse Politik, so dass das jüdische Kommis-
sariat der Partei im Juni 1919 Synagogen schließen und andere
jüdische Institutionen verbieten ließ. Die religiösen jüdischen
Führer wurden strenger verfolgt als die Kirchenführer, und die
Verbotsmaßnahmen waren für die religiös geprägte jüdische
Minderheit besonders spürbar. Ebenso wurden die zionistische
Bewegung als konterrevolutionär verboten und dreitausend ihrer Führer nach Sibirien deportiert. Dabei waren vor allem die
jüdischen Sektionen der kommunistischen Partei die treibende
Kraft, die auch von christlicher Seite für die atheistische Politik
verantwortlich gemacht wurden.

Das Schlagwort vom «jüdischen Bolschewismus» traf die
Tatsachen nicht. Zwar gab es in der bolschewistischen Führung einen hohen Anteil an Politikern jüdischer Herkunft,
doch verstanden sich diese zumeist nicht mehr als Juden. Ein
Zustrom in die unteren Ränge des Partei- und Staatsapparats
setzte erst nach der Revolution ein. Dafür gab es mehrere
Gründe: Die Bolschewisten hatten immer gegen Antisemitismus Stellung bezogen, sie waren die neuen Machthaber und
offerierten einer städtischen, gebildeten Bevölkerung Arbeit
im Staatsdienst als Alternative zum kümmerlichen Leben als
Kleinhändler und Handwerker. So erklärt sich das «jüdische
Übergewicht», das zu einem wichtigen Motiv des volkstümlichen Antisemitismus wurde. Diese «Dominanz der Juden
im Alltagsleben» war Anlass für eine Welle von Antisemitismus in der jungen Sowjetunion (1926–31). Man kritisierte,
Juden könnten als Händler von der Neuen Ökonomischen
Politik (NEP) profitieren, in der Verwaltung die besten Posten besetzen, und bei der Landvergabe an Agrarkolonisten
würden sie bevorzugt. In den Bildungseinrichtungen gab es
einen starken Konkurrenzkampf zwischen urbanen jüdischen
und den aus bäuerlichen und proletarischen Schichten auf-

strebenden russischen und ukrainischen Studenten. Die antijüdische Kritik verstand sich durchaus als systemkonform,
doch bekämpfte die KPdSU sie als Ausdruck einer konterrevolutionären Hetze der «Verlierer-Klassen», also Adel,
Bourgeoisie, Geistlichkeit und Kulacken, die ungebildete Arbeiter auf die Juden hetzten, um letztlich die Sowjetmacht zu
stürzen. Schauprozesse sollten die These von der Konterrevolution stützen, und man gab Anweisungen und Schulungsmate-
rial für Komsomolarbeit und Schule heraus. Diese Einpassung
in das Klassenkampf-Schema deutet auf eine gewisse Ambivalenz in der Abwehr des Antisemitismus hin. So sollte der Schutz
vor allem den jüdischen Werktätigen gelten und nicht dem jüdischen «NEP-Mann». Nach 1930 ging die Politik dahin, Antisemitismus als klassenfeindliche Aktivität zu bekämpfen und
die Juden nicht stärker als alle anderen Sowjetbürger zu schüt-
zen. Über die Wirkung der Erziehungs- und Aufklärungsarbeit
lässt sich nichts Sicheres sagen, Berichte ausländischer Diplomaten sprechen für einen Fortbestand antijüdischer Vorurteile,
doch war klar, dass Antisemitismus und Nationalismus uner-
wünscht waren.

Die Unterscheidung von Juden und Nicht-Juden gewann in
den innerparteilichen Konflikten nach dem Tode Lenins Bedeutung, da diese in der Bevölkerung z.T. als Kampf der «jüdischen Opposition» (Trotzki, Kamenew, Sinowjew) gegen die
Russen in der Partei gesehen wurden: «Die Opposition, das
wäre die Herrschaft der Juden». Diese Konflikte wurden auch
von den jüdischen Parteisektionen und von Leo Trotzki als
antisemitisch inspiriert aufgefasst, zumal Auftritte der Oppositionellen am 10. Jahrestag der Revolution von Gewalttaten
und antisemitischen Zurufen begleitet waren. Die Parteiführung verurteilte diese Vorfälle in einem Artikel der «Prawda»
«Gegen den Antisemitismus» (1927) und bestritt einen Zusammenhang des innerparteilichen Streits mit der Nationalität
der Oppositionellen. Im gleichen Jahr konstatierte Stalin in
seinem Rechenschaftsbericht auf dem 15. Parteitag, dass es
Ansätze von Antisemitismus in der Mittelschicht, der Arbeiterschaft und sogar in der Partei gebe, gegen die man un-

erbittlich ankämpfen müsse. Es gibt in den dreißiger Jahren Berichte über die Diskriminierung von Juden bei der Arbeitsuche und über antisemitische Vorfälle. Stalins Politik einer «Nationalisierung des Sowjetkommunismus» führte zur Auflösung der jüdischen Parteisektionen (1930), und die Massenverhaftungen von 1937 betrafen auch viele jüdische Parteimitglieder, doch richtete sich diese Politik gegen alle Nationalitäten. Dennoch hatte sie für die jiddische Kultur besonders fatale Folgen: Das kulturelle jüdische Leben wurde völlig unterdrückt, und Ende der dreißiger Jahre wurden jüdische Schulen und kulturelle Institutionen geschlossen. Andererseits versuchte die Sowjetregierung in Birobidjan als Alternative zum Zionismus eine jüdische Kolonie zu schaffen, deren Besiedlung 1928 begann und die 1934 zur autonomen jüdischen Provinz erklärt wurde, wo Juden als Kolonisten zu einer «normalen Nationalität» werden sollten. Doch haben dort niemals mehr als dreißigtausend Juden gelebt. In den dreißiger Jahren standen also nebeneinander die kulturelle Unterdrückung der Nationalitäten, so auch der jüdischen Kultur, die Dezimierung der jüdischen Elite in den stalinschen «Säuberungen» und die öffentliche Bekämpfung von Antisemitismus als antisowjetische Erscheinung.

Das Anwachsen des Antisemitismus in den dreißiger Jahren

Die Entwicklung in der Sowjetunion stellte in Europa einen Sonderfall dar, wo der Antisemitismus nach einer gewissen Abschwächung in der zweiten Hälfte der zwanziger Jahre mit der Weltwirtschaftskrise und dem Aufstieg faschistischer Bewegungen und autoritärer Regime in den dreißiger Jahren zu einer wichtigen politischen Erscheinung wurde.

In Deutschland war er Element eines weit verbreiteten Einstellungssyndroms geworden, in dem er mit Antikommunismus, Republikfeindschaft und Nationalismus verschmolz. Wenn in der Aufstiegsphase der NSDAP zwischen 1929 und 1932 in ihrer Agitation die Themen «Versailles», Young-Plan und «bolschewistische Gefahr» dominierten, waren Juden immer mitgemeint. Diese Themen und die Weltwirtschaftskrise bescherten der Partei ab 1930 erdrutschartige Siege bei den Reichstagswahlen und eine rasante Mitgliederzunahme, während der «Kampf gegen die Juden» in dieser Phase in der Agitation nicht im Vordergrund stand und auch nicht das primäre Motiv der NSDAP-Wähler war. Antisemitismus diente aber gezielt zur Gewinnung der Landbevölkerung, mittelständischer Berufsgruppen und der Studentenschaft sowie zur Binnenintegration des immer heterogeneren Parteivolkes.

Nach den Wahlerfolgen nahm die NSDAP ihre antijüdischen Übergriffe und Boykottaktionen wieder auf, auch wenn letztere vor 1933 kaum Erfolg hatten. Vor allem an den höheren Schulen und Universitäten waren NS-Schüler- und Studentenschaft aktiv und drangsalierten ihre jüdischen Kommilitonen. Neben dieser radauantisemitischen Linie und der primitiven Hetze des «Stürmer» gab es, wie Dirk Walter gezeigt hat, in der NSDAP wie in der rechten völkischen Intelligenz Strömungen, die eine andere Lösung der «Judenfrage» anstrebten. In der NSDAP schufen bereits ab 1931 alle möglichen Parteistellen Pläne für Sippenämter, Rassengesetze, Erbgesundheit etc., ohne dass es einen Generalplan gab, und Protagonisten der «Konservativen Revolution» befürworteten eine Politik, welche die Assimilation stoppen und Juden als eigenen «Stand» minderen Rechts definieren sollte (Wilhelm Stapel). Letztlich unterschieden sich diese Vorstellungen kaum von der späteren NS-Politik (Verbot und Auflösung von Mischehen, Ausschluss von höheren Studien, Ghettoisierung in den Großstädten). Mit dem Amtsantritt der Regierung v. Papen mehrten sich Pläne von rechten «Vordenkern» zur Änderung der Reichsverfassung, und Nationalsozialisten wie Hermann Göring und Gregor Strasser verkündeten öffentlich, wie sie die theoretischen Überlegungen in die Praxis umzusetzen gedachten: Fremdenrecht für Juden, ihre Entfernung aus leitenden Stellungen, Ausweisung der Ostjuden. Die Absetzung vom Antisemitismus der Straße zu Gunsten eines politischen Maßnahmenkatalogs bedeutete kein Ende der Gewalt, vielmehr waren nach Walter in der bürgerkriegs-ähnlichen Phase des Sommers 1932 terroristische Übergriffe von Seiten der Nationalsozialisten an der Tagesordnung, die sich primär gegen die KPD und SPD richteten, doch oft auch Juden trafen. Alle diese Ereignisse nährten Befürchtungen über eine Gefährdung der staatsbürgerlichen Stellung der Juden, die in dieser Phase bereits ohne großen Rückhalt waren und um politischer Vorteile willen preisgegeben wurden. Seit den Wahlerfolgen der NSDAP hatte sich nach Meinung Jochmanns ein unmerklicher Anpassungsprozeß in Teilen der Bevölkerung vollzogen, denen die Lösung der «Judenfrage» zu einem wichtigen Problem der Deutschen wurde und die zunehmend den Ausschluss von Juden praktizierten. Auf diese Entwicklung reagierte das republikanische Lager in seiner Verteidigung der Juden defensiv und argumentierte zum Teil bereits resignativ.

Die NSDAP hat ihr antisemitisches Programm also öffentlich propagiert und die Wähler sowie mögliche Koalitionspartner haben sich daran nicht gestoßen. Nach 1933 wurde der von Ian Kershaw beschriebenen Logik folgend, dem «Führer entgegen zu arbeiten», ein sich wechseitig radikalisierender Prozess von antijüdischen Gewaltaktionen radikaler Nationalsozialisten und staatlichen Maßnahmen zur Ausschaltung der Juden in Gang gesetzt.

Wie im Deutschen Reich wuchsen der Antisemitismus und die NS-Bewegung im Zuge der Österreich besonders hart treffenden Wirtschaftskrise ab 1930 immer mehr an. Die autoritären und schließlich austrofaschistischen Regierungen (ab 1933 bzw. 1934) wandten sich zwar in Konkurrenz zu den Nationalsozialisten gegen deren Rassenantisemitismus, propagierten aber, um die judenfeindliche Stimmung für sich zu nutzen, eine religiös-ökonomische Variante. Dies brachte die österreichischen Juden in die merkwürdige Lage, diese antisemitischen Regierungen als das kleinere Übel finanziell zu unterstützen, da sie tatsächlich die Juden in mancherlei Hinsicht schützten. Für die Regierung verlor der Antisemitismus nach dem Verbot aller Parteien 1933/34 seine Funktion als politische Waffe, so dass sie sich ideologisch mäßigte, von

sich aus antijüdische Politik nicht forcierte und in der stän-
destaatlichen Verfassung den Juden volle Gleichberechtigung
garantierte, doch andererseits einen «praktischen» Antisemitismus in der ansonsten kontrollierten Presse und in der Wirtschaft zuließ. Sie unternahm Schritte, um den Anteil der Juden
im Bankwesen, in der Ärzte- und Juristenschaft und in der
Verwaltung zu reduzieren und betrieb auch in der Schule eine
Politik der Segregation. Bruce F. Pauley hält den Antisemitismus in Österreich in der Zwischenkriegszeit für stärker als in
allen westlichen Ländern einschließlich Deutschlands, jedoch
für wohl weniger extrem als in Polen, Ungarn, Litauen oder
Rumänien.

In Polen führten die Annäherung an das nationalsozialistische Deutschland, die Aufkündigung der Minderheitsschutz-
verträge (1934), der Übergang zu einem autoritären Regime
und vor allem der Tod Marschall Pilsudskis im Mai 1935, der
ein Bollwerk gegen das extrem nationalistische und antisemitische Lager der oppositionellen Nationaldemokraten (Ende-
ja) gewesen war, zu einer deutlichen Verschlechterung der pol-
nisch-jüdischen Beziehungen. Den Nationaldemokraten, die die
NS-Judenpolitik genau verfolgten, gelang es, die «Judenfrage»
zu einem zentralen Thema in Polen zu machen und weite
Kreise der Bevölkerung zu überzeugen, dass die Probleme des
Landes der jüdischen Minderheit zuzuschreiben seien. Unter
diesem innenpolitischen Druck steuerten die autoritären Regierungen nach Pilsudski einen immer schärferen Rechtskurs,
was wiederum die nationalistischen Studenten und die Nationaldemokraten zu blutigen antijüdischen Ausschreitungen
und Boykottaufrufen ermunterte. So entstand ein Klima all-
täglicher Hetze und Gewalt, das von den polnischen Mit-
bürgern und politisch Verantwortlichen geduldet wurde. Die
Politik zielte letztlich auf die Verdrängung der Juden aus
Polen ab, indem sie einerseits kurzfristige Maßnahmen wie
Boykotte und Repressionen (etwa «Arierparagraphen» in Sat-
zungen von Berufsverbänden) gegen Juden unterstützte, andererseits zur Lösung der demographischen Probleme langfristig
auf Auswanderung setzte, für die sie internationale Unterstüt-

zung suchte («Madagaskarplan»). Mit der Gründung einer neuen Regierungspartei (OZN – Lager der Nationalen Einheit) 1937, die mit den extremen Rechtsparteien kooperierte, begann die Regierung eine gegen jede Integration der Juden in Polen gerichtete Politik, die 1938–39 sogar auf die Aufhebung der polnischen Staatsbürgerschaft für Juden zielte. Dass von den Jahren der polnischen Republik allenfalls sieben relativ frei von antijüdischer Gewalt waren, spricht für die Einschätzung von Herbert A. Strauss, der polnische Antisemitismus sei damals eine politische, ideologische und religiöse Norm gewesen. Manche Autoren ziehen durchaus Parallelen zwischen der aggressiven Politik des autoritär regierten polnischen Staates ab 1934 und der gleichzeitigen Judenverfolgung im Dritten Reich. In beiden Ländern wurden antijüdische Agitation und Gesetzgebung staatliche Politik, wobei die NS-Maßnahmen Vorbildcharakter für die polnischen besaßen. Dennoch gab es gravierende Unterschiede: Der polnische Antisemitismus trug kaum rassistische Züge, denn einer Übernahme der NS-Rassenlehre stand entgegen, dass in ihr die Slawen in der Rassenhierarchie zu den unteren Kategorien zählten, und er war auch kein Erlösungsantisemitismus, der sich in einem «Weltkampf» gegen das Judentum sah.

Auch in Ungarn beendete die Weltwirtschaftskrise die moderate antijüdische Politik. 1932 wurde der prominente Antisemit Gyula Gömbös Regierungschef (bis 1936), und es wurden eine Reihe «nationalsozialistischer» Parteien gegründet. Doch zum Wendepunkt wurde das Jahr 1938, als Ungarn durch die Teilung der Tschechoslowakei im 1. Wiener Schiedsspruch frühere Gebiete zurückerhielt, da nun die Allianz mit dem nationalsozialistischen Deutschland eine Revision des Vertrags von Trianon in Aussicht stellte. Das schnelle Anwachsen der faschistischen «Pfeilkreuzler Bewegung» (1938: 75 000 Mitglieder), deren Verbot im März 1938 von der Regierung mit der Ankündigung einer rechtlichen Regelung der «Judenfrage» ausbalanciert wurde, und Druck von deutscher Seite führten bereits im Mai 1938 zum sog. «ersten Judengesetz», das den Anteil von Juden in Industrie und Handel, in den freien

Berufen, im Journalismus und in der Unterhaltungsbranche auf 20% beschränkte. Begründet wurde dies mit ihrem anomal hohen Anteil in diesen Berufszweigen und damit, dass die Juden nicht wirklich Ungarn geworden seien und deshalb keinen Anspruch auf rechtliche Gleichbehandlung hätten. Proteste der «Union der ungarischen Juden» und oppositioneller Stimmen im Parlament blieben ohne Wirkung, zumal das Gesetz auch von Horthy und der alten Elite sowie von der katholischen Kirche gebilligt wurde, die in ihm einen Schutz gegen radikalere Forderungen von innen und außen sahen. Was als Einhegung gedacht war, erwies sich als Dammbruch, denn dem ersten folgte im Mai 1939 ein zweites «Judengesetz», das die Zugangsquoten herabsetzte und eine «Wachablösung im Bankwesen und in der Industrie» einleitete, vor allem wurden «Halbjuden» nun rassentheoretisch als Juden klassifiziert. Diese Gesetze machen deutlich, wie sehr sich die ungarische Politik auf die «Judenfrage» fixiert hatte. Die Gründe dafür lagen in der ökonomischen Krise, dem ungarischen Chauvinismus, der Furcht vor dem Erstarken der faschistischen Bewegung und dem Einfluss von Nazi-Deutschland. Auf diesen Druck hin wanderten manche Juden aus, andere traten zum Christentum über, da die ungarischen Gesetze nicht streng rassistisch waren.

Die Weltwirtschaftskrise erreichte Frankreich phasenverschoben erst ab 1931, dafür hielt sie dort die ganzen dreißiger Jahre über an und war verbunden mit einer Krise des parlamentarischen Systems, in der antiparlamentarische und antiliberale Affekte in der Rechten bedeutendes Gewicht gewannen. Die Krise war begleitet von einem Wiederaufleben des Antisemitismus, der durchaus die Intensität der Dreyfus-Zeit erreichte. Da in Frankreich ein starker, zentralistischer Staat und das Prinzip republikanischer Bürgerrechte Juden den Aufstieg in staatliche Spitzenpositionen ermöglicht hatten, nahm Antisemitismus als antirepublikanische Gegenreaktion primär politische Züge an und richtete sich gegen die «Juifs d'Etat» bzw. die «république juive». Dieser politische Antisemitismus war, auch wenn er religiöse Formen aufnahm, ein neues Phänomen. Im französischen Rechtsextremismus der fundamental-katholischen («verirrter Katholizismus») und gegenrevolutionären Richtung dieser Jahre (Robert Brasillach, Lucien Rebatet, der Schriftsteller Louis-Ferdinand Céline) war der Antisemitismus im Kern eine Verschwörungstheorie, die die als dekadent empfundene Moderne auf ein jüdisch-freimaurerisch-protestantisches Komplott zurückführte. Diese Richtung verknüpfte in den dreißiger Jahren den Antisemitismus mit ihrem antikommunistischen Weltbild, das zuvor mit Antigermanismus verbunden gewesen war. Bolschewismus wurde nun als antireligiöser, asiatischer Kollektivismus abgelehnt und als «idéologie juive» auf den angeblich revolutionären Charakter der Juden zurückgeführt («Juden und Kommunisten sind für mich Synonyme», so Céline). Der französische Antisemitismus der dreißiger Jahre oszillierte im Rechtsextremismus zwischen seiner gegenrevolutionären Tradition (Antiliberalismus und Antikapitalismus) und seiner aktualisierten Form als Antibolschewismus. Ihm fehlten die völkisch-rassistischen Züge der NS-Ideologie. Darin liegt wohl der zentrale Unterschied zwischen der faschistischen Rechten Frankreichs, die primär antikommunistisch und antiliberal motiviert war, und dem Nationalsozialismus, in dem sich diese Züge des Faschismus und das primäre Movens des völkischen Rassenantisemitismus zur Massenbewegung verbanden.

Insbesondere in der Phase der Volksfrontregierung Léon Blums, in der Juden politisch hervortraten, färbte sich die Gegenreaktion der katholisch geprägten Opposition und der extremen Rechten antisemitisch ein. Seit 1936 sahen sich Juden im öffentlichen Leben in Paris zunehmend Anpöbelungen ausgesetzt, nachdem das Klima gegenüber Flüchtlingen 1933/34 in unverhohlene Ablehnung umgeschlagen war. Diese Flüchtlinge kamen in großer Zahl aus Spanien, Italien (720000) und Deutschland, wobei die Zahlen für jüdische Flüchtlinge aus Deutschland und Polen zwischen 55000 und 200000 variieren. Die harte Haltung gegen die Zuwanderer war durch Arbeitsplatzkonkurrenz angesichts der Wirtschaftskrise und durch die Angst vor kultureller Überfremdung und internationalen Verwicklungen mit Hitler-Deutschland und dem faschistischen Italien motiviert. Ab 1932 galt eine Quotenregelung für Ausländer bei Stellenbesetzungen, 1934 begann man mit Abschiebungen. Antisemitismus erreichte auch die Spalten der liberalen Presse und fand sich bei mittelständischen Interessenvertretern. 1938 gab es in Paris sogar antijüdische Demonstrationen und Gewalt gegen «Ausländer» auf den Straßen.

Die Stimmung in Frankreich war also von Unsicherheit und einem Krisengefühl angesichts politischer Schwäche, ökonomischer Depression und eines Bevölkerungsrückgangs geprägt, deren Ursachen man in jüdischen Aktivitäten sah (es hatte 1934 eine ganze Reihe von Skandalen gegeben, etwa die Stavisky-Affäre, in die Zuwanderer, darunter auch Juden, verwickelt waren). Antisemitismus trat nun radikaler auf als in den 1890er Jahren, blieb aber primär ein publizistisches Phänomen ohne starke organisatorische Basis. Er war keineswegs ein Import aus Deutschland, auch wenn rechte Propagandisten Kontakte zum Nationalsozialismus pflegten (Louis Darquier de Pellepoix, Henri Coston). Das «jüdische Problem» war Teil des «Einwandererproblems». Die Tendenz, in den Fremden und insbesondere den Juden die Wurzeln für Frankreichs Misere zu sehen, begann über den engeren Kreis der Antisemiten hinauszugehen. Die Emigranten galten der Verwaltung als Bedrohung der Sicherheit des Landes. Nachdem die Volksfrontregierung eine liberalere Haltung eingenommen hatte, begann die Regierung Daladier ab Mai 1938 mit einer schärferen Begrenzung der Einwanderung und erleichterte die Abschiebung und Überwachung, ab November 1938 konnten sogar Einbürgerungen wieder rückgängig gemacht werden. Es gab Pläne zur Repatriierung von Juden, und in bestimmten «Centres» konnten «unerwünschte Ausländer» interniert werden. Damit waren bereits ein Klima und rechtliche Voraussetzungen für die antijüdischen Maßnahmen der Vichy-Regierung geschaffen.

In die englische Politik hielt der Antisemitismus in den dreißiger Jahren durch die British Union of Fascists (1932 von Sir Oswald Mosley gegründet) Einzug, die die Juden für die ökonomische Krise und den Verlust der Weltgeltung Englands verantwortlich machte. Doch gewann diese niemals einen Sitz bei nationalen und lokalen Wahlen, und selbst im Londoner East End, wo es Vorurteile gegen jüdische Einwanderer gab, bekam sie nie eine Mehrheit. Auf dem Höhepunkt des militanten faschistischen Antisemitismus in Form von Hooliganismus, Schändungen von Synagogen und Übergriffen auf jüdische Schulen, Läden und Häuser zwischen 1934 und 1937 reagierte die Regierung mit dem Public Order Act (1937), und englische Politiker entzogen der BUF nun ihre Unterstützung, zumal auch die antijüdische Politik der Nationalsozialisten viele Engländer abstieß. Andererseits fand der Vorwurf der BUF, die Juden trieben England in den Krieg, durchaus Gehör, und man sah die jüdischen Flüchtlinge nach der «Kristallnacht» mit gemischten Gefühlen. Es war also eine antisemitische Stimmung mit einem starken Ethnozentrismus spürbar, in der sich vage nationale und soziale Ängste ausdrückten.

Wenn Antisemitismus, verglichen mit den meisten kontinentaleuropäischen Ländern, in Großbritannien auch weniger virulent war, so gab es doch Diskriminierungen im Alltag und unterschwellige Einflüsse auf die englische Politik während des Krieges, die Bernard Wasserstein als eine Mischung aus Xenophobie, bürokratischer Indifferenz und reiner Machtpolitik gekennzeichnet hat, die sich etwa in der restriktiven Handhabung der Einwanderung nach Palästina oder ins übrige Empire, in der Internierung von Juden und in der fehlenden Hilfe für jüdische Widerstandsbewegungen ausdrückte.

Auch in den USA lebte Antisemitismus während der großen Depression nach 1933 wieder auf und war virulenter als jemals sonst in der amerikanischen Geschichte. Neben dem Neid auf den sozialen Aufstieg vieler Juden gewann die nationalsozialistische Propaganda an Einfluss, die im «internationalen Judentum» den Schuldigen für die tiefe ökonomische Krise präsentierte. Die Tatsache, dass unter dem neuen Präsidenten Roosevelt ab 1933 eine Reihe von Juden in der politischen Administration Karriere machten, war für manche Amerikaner Anlass zur Befürchtung, die Juden würden das Land regieren (der New Deal galt als «Jew Deal»). Die Jahre zwischen 1933 und 1941 erlebten einen Gründungsboom von über hundert antisemitischen Organisationen, deren bedeutendste von religiösen Funktionären geführt wurden. Unter ihnen ragte Pater Charles Coughlin, ein katholischer Priester und Führer der «National Union for Social Justice», als größter Hassprediger heraus. Diese Aktivisten, die im Zweiten Weltkrieg als faschistische Extremisten Auftrittsverbot bekamen (der Sedition Act von 1917 verbot Reden zu Gunsten des Feindes), fanden in den dreißiger Jahren durchaus Resonanz über ein religiös geprägtes Publikum hinaus, indem sie mittelalterliche Beschuldigungen gegen die Juden ebenso aufwärmten, wie sie aktuelle ökonomische und politische Ängste ausnutzten. In einer Radioansprache kurz nach der «Reichskristallnacht» beschuldigte Coughlin die Juden, den kommunistischen Umsturz in Russland verursacht zu haben, und rechtfertigte den Nationalsozialismus als politische Reaktion auf den Kommunismus und den negativen jüdischen Einfluss in Deutschland. Seine wöchentlichen Radioansprachen erreichten ein Millionenpublikum, und seine Zeitung «Social Justice» hatte eine Auflage von einer Million. Umfragen aus dem Jahre 1938 belegen, dass knapp die Hälfte der befragten Amerikaner die Juden ganz oder teilweise für ihre Behandlung durch Nazi-Deutschland mitverantwortlich machten, und dass 77 % eine Erhöhung der Einwandererquoten für jüdische Flüchtlinge ablehnten. Das stetige Anwachsen von Antisemitismus in den späten dreißiger Jahren, der sich zunehmend auch in physischen Übergriffen manifestierte, setzte sich während des Krieges fort. Umfragen belegen diesen Trend: Der Anteil derer, die in der jüdischen Minderheit eine Bedrohung sahen, stieg von 15 % im Jahre 1942 auf 24 % 1944 (Deutsche: 18 % auf 6 %). Diese Entwicklung verunsicherte die jüdische Gemeinschaft in den USA und trug dazu bei, dass ihre Vertreter Forderungen nach einer Erleichterung jüdischer Einwanderung oder einem militärischen Eingreifen gegen Nazi-Deutschland vorsichtiger vortrugen. Nach dem Krieg nahmen in den USA antisemitische Einstellungen dann wieder kontinuierlich ab, und sie finden sich in größerem Umfang seit den sechziger Jahren nur noch unter der schwarzen Bevölkerung.

Für die Zwischenkriegszeit lässt sich also in vielen Ländern Europas und in den USA – auch in einigen arabischen Ländern wie Irak und Algerien – ein Anwachsen antijüdischer Stimmungen feststellen. Dafür lassen sich eine Reihe von Ursachen benennen: die Suche nach einem Sündenbock für die Kriegsniederlage bei den Mittelmächten; die revolutionäre Umbruchsituation nach dem Ersten Weltkrieg, in der die Beteiligung von Juden an der russischen Revolution wie an einigen Räteregierungen zu einer Identifizierung von Bolschewismus und Judentum führte, die den geschürten Ängsten vor einer jüdischen Weltverschwörung, sei sie nun kommunistisch oder kapitalistisch, neue Nahrung gab; das Aufkommen nationalistischer und faschistischer Bewegungen und autoritärer Regime; die Gründung neuer Nationalstaaten in Mittel- und Osteuropa, in denen Konflikte über die Stellung der Minderheiten (darunter der jüdischen) politischen Zündstoff bargen; ab Ende der zwanziger Jahre dann die Weltwirtschaftskrise, die zu einer politischen Radikalisierung der Bevölkerung beitrug, und schließlich ab 1933 das ideologische Vorbild und der politische Druck des nationalsozialistischen Deutschland, das in einigen Ländern Nachahmung fand oder durch den Auswanderungsdruck in den Aufnahmeländern xenophobe Reaktionen hervorrief. Niemals seit Beginn der Judenemanzipation war der Antisemitismus derart virulent wie in dieser Zeit, in der er zum wichtigen Programmpunkt rechtsextremer Bewegungen wurde, sich in der Bevölkerung ausbreitete und vor allem erstmals Teil einer staatlichen Politik wurde, welche die Emanzipation wieder rückgängig machte.

V. NS-Antisemitismus und Völkermord[*]

Seit den Anfängen der NSDAP bildete ein mythischer Antisemitismus den Kern ihrer rassistischen Weltanschauung. In diesem *Erlösungsantisemitismus* verband sich die Furcht vor der rassischen Entartung des eigenen Volkes mit dem Glauben an eine Erlösung, die man in der «Endlösung der Judenfrage» zu finden glaubte. Hitler sah einen Weltkonflikt zwischen Juden und Ariern voraus, da für ihn das Judentum als «Rassentuberkolose der Völker» nicht nur das deutsche Volk bedrohte, so dass das Ziel letztlich die «Entfernung der Juden überhaupt» sein musste. Hitler drohte in seinen Reden mehrfach, das Ergebnis eines von den Juden verschuldeten Krieges werde nicht die Ausrottung der europäischen Völker, sondern die des Judentums in Europa sein. Auch wenn es keinen konkreten Plan gab, so lag doch der Völkermord in der Logik des NS-Antisemitismus, dem ein Zustand der Apartheid nicht genügen konnte, sondern der auf die völlige «Entfernung» der Juden zielte.

Der Antisemitismus der NSDAP in der Weimarer Republik war integraler Bestandteil einer völkischen, antidemokratischen und antikommunistischen Weltanschauung, so dass es schwer einzuschätzen ist, welche Rolle ihm für den politischen Erfolg des Nationalsozialismus zukommt. Viele Zeitgenossen, auch Juden, erwarteten, die Sache würde auch bei einer Regierungsbeteiligung der NSDAP «nicht so heiß gegessen» werden. Vertreibung und gar die Ermordung der Juden lagen sicherlich für die meisten außerhalb des Denkbaren, doch waren viele Deutsche mit einer «Zurückdrängung des

[*] Der Holocaust wird hier nur sehr knapp behandelt, da in der Reihe Wissen das Buch von Wolfgang Benz, Der Holocaust, BsR-Wissen 2022 vorliegt.

jüdischen Einflusses» durchaus einverstanden, so dass die 1933 einsetzenden antijüdischen Maßnahmen ohne nennenswerten Widerstand von der Bevölkerung hingenommen wurden.

Entrechtung, Ausplünderung, Vertreibung: 1933–1939

1933 geschah in der Geschichte des Antisemitismus etwas Neues: Er wurde zur Doktrin eines Staates, in dem eine radikalantisemitische Partei an die Macht gelangt war. Diese demonstrierte nach dem inszenierten Straßenterror und den Boykottforderungen im März mit der Boykottaktion gegen jüdische Geschäfte und Praxen vom 1. April 1933 den Juden wie auch den in ihrer Mehrheit nicht ausgeprägt antisemitischen nichtjüdischen Deutschen sogleich ihre Entschlossenheit, den Ankündigungen nun konkrete Schritte folgen zu lassen. In den nächsten Jahren wurden die Juden mit einer Flut von über 2000 Gesetzen und Verordnungen in beispielloser Weise wirtschaftlich ausgeplündert, sozial ausgegrenzt, aus dem Lande getrieben, moralisch diffamiert und vielfach physisch bedroht.

Angetrieben durch eine fanatisch antisemitische Führung unter Adolf Hitler und die Initiativen aus den zahlreichen Parteigliederungen bis hinunter zu einfachen «Volksgenossen», die sich mit Denunziationen aus Neid, Habgier oder Überzeugung beteiligten, gewann die antijüdische Politik eine ungeheure Dynamik, ohne dass von vornherein eine klare Vorstellung von der Reihenfolge der Maßnahmen oder ein klares Endziel bestanden hätten. Terror- und Propagandaaktionen wechselten oder gingen parallel mit administrativen und gesetzlichen Regelungen, wobei auch taktische Rücksichten auf «das Ausland» und pragmatische Überlegungen etwa über den Nutzen der Juden für die deutsche Wirtschaft bis 1937 das Tempo der Verfolgungspolitik bestimmten. Dem von der Partei organisierten Boykott am 1. April 1933, dem die Mehrheit der Bevölkerung zur Enttäuschung vieler Juden, aber auch der Nazis gleichgültig begegnete, folgte schon am 7. April mit dem «Gesetz zur Wiederherstellung des Berufsbeamtentums» die

«Säuberung» des öffentlichen Dienstes von politischen Gegnern und Juden (§ 3 verfügte die Versetzung von Beamten
«nicht-arischer Abstammung» in den Ruhestand). Weil es noch
Ausnahmeregelungen für lang gediente Beamte und «Front-
kämpfer» gab, die dann bis spätestens November 1935 entlassen wurden, waren zwar von diesem Gesetz nur rund 2500
Personen betroffen, doch gab es das Vorbild ab («Arierpa-
ragraph») für die in den nächsten Jahren erfolgende Aus-
schließung aus anderen Berufen. Mit einer Flut von Einzelre-
gelungen wurden Juden aus medizinischen und juristischen
Berufen, aus ihrer Arbeit in den Massenmedien und kulturellen Einrichtungen gedrängt, Quotenregelungen erschwerten
ihnen den Zugang zu höheren Schulen und Universitäten.

Auf diese Bedrohung reagierte die Mehrheit der Juden, die
sich als Deutsche fühlten und an Recht und Ordnung glaubten, mit der Devise: «abwarten bis der Spuk vorüber ist». Nur
ein Teil, in erster Linie politisch exponierte und gefährdete
Personen, flohen bereits 1933 ins Ausland (25 000). Die verschiedenen politischen Strömungen im deutschen Judentum
entschlossen sich trotz ihrer weltanschaulichen Divergenzen
im April 1933 zur Gründung des «Zentralausschusses der
deutschen Juden für Hilfe und Aufbau», der vor allem wirtschaftlich und sozial helfen sollte. Er leistete als Selbsthilfe-
einrichtung, finanziert von den jüdischen Gemeinden und
ausländischen Hilfsorganisationen, in den sechs Jahren seiner
Existenz hervorragende Arbeit. Im September 1933 gelang
schließlich der Zusammenschluss in der «Reichsvertretung
der deutschen Juden», die ihre Aufgabe in einer jüdischen Erziehung, der Sicherung der wirtschaftlichen Existenz und in
der Förderung der Auswanderung sah. Die 1938 in «Reichs-
vereinigung der Juden in Deutschland» umbenannte und nun
vom NS-Apparat eingesetzte Organisation hat bis 1943 die
Interessen der Juden in Deutschland vertreten, wobei sie ab
1935 immer stärker zu Hilfsdiensten bei der administrativen
Umsetzung der Judenverfolgung missbraucht wurde.

Eine neue Stufe erreichte die Ausgrenzung mit den «Nürn-
berger Gesetzen» vom September 1935, in denen die «blut-

mäßig bedingte klare Scheidung zwischen Deutschtum und Judentum» auf eine «gesetzliche Grundlage» gestellt wurde, wie es im Gesetzeskommentar von Wilhelm Stuckart und Hans Globke hieß. Juden wurden zu Bürgern zweiter Klasse (laut «Reichsbürgergesetz» waren sie nur noch Staats- und nicht mehr Reichsbürger), und es waren ihnen die Eheschließung sowie sexuelle Kontakte mit Nicht-Juden verboten («Gesetz zum Schutz des deutschen Blutes und der deutschen Ehre»). Mit ihren Bestimmungen über jüdische Abstammung, die die Frage, wer Jude sei, mit rassischen Kriterien letztlich nicht beantworten konnten, und den unterschiedlichen «Mischlingskategorien» sollten sie mit dem Beginn der Deportations- und Vernichtungspolitik noch eine weitere fatale Wirkung haben. Hatten manche Juden gehofft, mit diesen Gesetzen wäre ihnen nun ein zwar niedrigerer, aber gesicherter Status im Dritten Reich zuerkannt worden, so sahen sie sich immer weiter reichenden Verfolgungsmaßnahmen ausgesetzt: Ärzte und Rechtsanwälte verloren ihre Zulassungen, alle Juden mussten ihr Vermögen deklarieren, ihre Firmen wurden von öffentlichen Aufträgen ausgeschlossen und den Kindern wurde der Besuch deutscher Schulen verboten. Durch die Zwangsvornamen «Sara» und «Israel» und das rote «J» im Reisepass wurden sie auch in ihren Personaldokumenten stigmatisiert. Viele Maßnahmen zeugen von ausgesuchter Gehässigkeit, so wenn Juden der Besuch von Badeanstalten untersagt wurde oder Parkbänke «Nur für Arier» reserviert waren.

Der November 1938 brachte mit der «Reichskristallnacht» eine weitere Verschärfung: die Anwendung kollektiver Gewalt. Die Nationalsozialisten nutzten das Attentat Herschel Grünspans auf den Legationssekretär der Deutschen Botschaft in Paris, Ernst vom Rath, am 7. November 1938, um weitere Schritte in der ökonomischen Ausplünderung und Vertreibung als «Antwort auf die Verschwörung des Weltjudentums gegen Deutschland» erscheinen zu lassen. Die von höchster Ebene «verordneten Pogrome», die im wesentlichen von SA, SS und Parteigenossen ausgeführt wurden, an denen sich mancherorts spontan auch Teile der Bevölkerung beteiligten oder als

Gaffer applaudierten, kosteten hunderte Juden das Leben, über tausend Synagogen und 7500 jüdische Geschäfte wurden zerstört und dreißigtausend jüdische Männer für einige Monate in Konzentrationslager verschleppt. Mit diesen Aktionen sollten die Juden gänzlich aus der Wirtschaft verdrängt und zur Emigration getrieben werden. Tatsächlich wollten nun viele das Land verlassen, doch gab es kaum noch aufnahmewillige Zufluchtsländer. Das Jahr 1939 wurde zum Hauptauswanderungsjahr: 75–80000 gelang die Flucht, da einige Länder ihre Restriktionen lockerten. Mit Beginn des Krieges wurde die Auswanderung sehr erschwert und 1941 gänzlich verboten, so dass die Zahlen 1940 auf 15000 und 1941 auf 8000 absanken.

Für die ca. 200000 Juden, die nicht hatten auswandern können oder wollen, gingen Ausplünderung, Ghettoisierung und soziale Stigmatisierung weiter. Die «Verordnung zur Ausschaltung der Juden aus dem deutschen Wirtschaftsleben» vom 12. November 1938 stürzte sie endgültig in den wirtschaftlichen Ruin. Juden wurden zur Zwangsarbeit verpflichtet, aus ihren Wohnungen verdrängt, in sog. «Judenhäusern» konzentriert, und sie durften nur noch zu eng begrenzten Zeiten in bestimmten Geschäften einkaufen. Waren sie damit völlig aus dem sozialen Leben abgedrängt worden, machte sie andererseits die Polizeiverordnung vom 1. September 1941, die sie zum Tragen des gelben Sterns verpflichtete, öffentlich sicht- und kontrollierbar. An dieser Ausgrenzungspolitik beteiligte sich auch die Evangelische Kirche, die ab 1939 Pastoren und Kirchenbeamte jüdischer Abstammung entließ. Einige Landeskirchen verboten sogar «nichtarischen» Gläubigen den Zutritt zu ihren Kirchen, während andere kirchliche Institutionen, etwa Krankenhäuser und Anstalten für Geisteskranke, jüdische Patienten nicht mehr aufnahmen oder versuchten, diese loszuwerden. Im Oktober 1941 begann die letzte Phase der Verfolgungspolitik: die systematische Massendeportation und Ermordung der deutschen Juden im Osten (ihre Zahl wird auf 160000 bis 195000 beziffert).

Die Verschärfung der antijüdischen Politik in anderen europäischen Ländern ab 1938

Das Vorbild und der politische Druck des Dritten Reiches, aber auch innenpolitische Entwicklungen führten vor Beginn des Krieges in einer ganzen Reihe von europäischen Staaten teils zu antisemitischen Stimmungen in der Bevölkerung, teils zu Maßnahmen von staatlicher Seite, die in einigen Ländern den Boden für die Kollaboration bei der Verfolgung der einheimischen Juden bereiteten. Dies gilt insbesondere für einige mit Deutschland verbündete Staaten und das nicht besetzte Frankreich, die in der Judenpolitik eine gewisse Eigenständigkeit behielten.

In Frankreich waren die Bestimmungen gegen die eingewanderten Ausländer seit Mitte der dreißiger Jahre ständig verschärft worden. Mit der Niederlage und der Besetzung Frankreichs kam es im unbesetzten Vichy-Frankreich ohne Druck von deutscher Seite am 3. Oktober 1940 zum «Statut des Juifs», das schärfer ausfiel als die deutschen Bestimmungen im besetzten Frankreich und den jüdischen Staatsbürgern und zugewanderten Fremden auf Grund ihrer Rasse einen inferioren Status im Zivilrecht und in der Gesellschaft zuwies: Juden wurden aus hohen Ämtern und dem Offizierscorps ausgeschlossen, ebenso aus freien Berufen mit Einfluss auf die Öffentlichkeit, also aus Presse, Film, Funk und Theater. Einen Tag später erließ die Regierung ein Gesetz, das es dem Präfekten erlaubte, ausländische Juden in «Speziallagern» zu internieren oder unter Polizeiaufsicht in abgelegenen Dörfern unterzubringen. Bereits am 27. August war ein Pressegesetz (Loi Marchandeau) aufgehoben worden, das die Beleidigung von religiösen oder rassischen Gruppen unter Strafe gestellt hatte. Damit konnten antisemitische Artikel ungehindert in der Presse erscheinen. Es gab zwischen der deutschen und der französischen Judenpolitik durchaus Interessenkonflikte. Die Deportation von Juden aus dem Elsass, aus Baden und dem Saarland (1940) stieß auf den Widerstand der Vichy-Regierung, deren antisemitische Politik Teil der Nationalen Revolu-

tion war und drei Ziele verfolgte: die Abwehr weiterer Einwanderung, die Abschiebung der internierten jüdischen Flüchtlinge und den Ausschluss von Juden aus dem öffentlichen Leben. Diese Politik war zwischen 1940 und 1942 begleitet von
einem starken Aufkommen des Antisemitismus in der Bevölkerung der unbesetzten Zone, die die Juden des Schwarzhandels,
der Faulheit und der Regimefeindlichkeit bezichtigte. 1941
zogen französische Beamte jüdisches Eigentum ein, ab August
1942 trieb die Polizei Juden für die Deportationszüge der Deutschen zusammen. Diese Zusammenarbeit endete allerdings, als
es um die Deportation der französischen Juden ging.

Als Verbündete Deutschlands blieb die ungarische Regierung bis 1944 bei ihrer antijüdischen Politik, doch beharrte
Horthy gegenüber deutschen Forderungen auf einem «ungarischen Weg» zur Lösung der «Judenfrage» ohne Anwendung
«brutaler und inhumaner Methoden», wie er noch im Juli
1944 an Hitler schrieb. Dennoch wurden die Juden immer
weiter aus dem gesellschaftlichen Leben ausgegrenzt: 1941
wurde mit dem «Dritten Judengesetz» auch die NS-Rassen-
ideologie übernommen. Als Juden wurden nun Personen mit
mindestens zwei jüdischen Großeltern definiert, und Heiraten
zwischen Juden und Nichtjuden wurden verboten. 1942 begingen ungarische Truppen Massaker an Juden und Serben.
Dennoch: radikaleren Forderungen von deutscher Seite begegnete das ungarische Außenministerium 1943 mit dem Ar-
gument, wegen ihrer großen Zahl könnten die ungarischen
Juden nicht völlig aus dem ökonomischen Leben verdrängt
werden, ohne dass die Wirtschaft Schaden nehme. Der eher
«liberale» Premierminister Miklós Kállay verfügte dennoch
weitere antijüdische Gesetze, etwa die Konfiszierung von jüdi-
schem Grundbesitz, signalisierte aber gleichzeitig, die Juden
müssten diese Maßnahmen im Lichte der Situation Ungarns
«verstehen», gleichsam als Sicherheitsventil für die antijüdische Stimmung im Lande und den deutschen Druck. So gab
es einerseits eine Gesetzgebung zur Ausplünderung und Demütigung der Juden, andererseits war sie, verglichen mit dem
Schicksal der Juden in den von Deutschland besetzten Län-

dern moderat. Die ungarischen Juden setzten auf diese «moderateren» Politiker in der Hoffnung, durch sie geschützt zu werden, und weil sie gar keine Alternative hatten. Dennoch ereilte mit der Besetzung Ungarns durch deutsche Truppen im März 1944 die jüdische Bevölkerung das gleiche Schicksal wie in den anderen besetzten Ländern: unter Mithilfe ungarischer Kollaborateure in Polizei und Verwaltung wurden sie zunächst ghettoisiert, bevor dreihunderttausend zwischen dem 5. Mai und dem 7. Juni 1944 in die Vernichtungslager deportiert wurden. Die Deportation der Budapester Juden konnte Horthy jedoch verhindern, doch starben viele von ihnen zwischen Oktober 1944 und der Befreiung Ungarns durch die Rote Armee durch die von den faschistischen «Pfeilkreuzlern» organisierten Pogrome und Todesmärsche. Dennoch überlebte durch tatkräftige Hilfe des Rotes Kreuzes, der Kirchen und ausländischer Diplomaten wie Raoul Wallenberg und Carl Lutz mehr als die Hälfte von ihnen, während die Gemeinden in der Provinz fast gänzlich ausgelöscht worden waren.

Andere deutsche Verbündete wie die Slowakei, Rumänien und Kroatien beteiligten sich aktiv an der Deportation und Ermordung der jüdischen Bevölkerung. Rumänien und der «Unabhängige Staat Kroatien» mit der von Hitler eingesetzten Ustascha-Regierung, in denen es starke faschistische Bewegungen gab und der Antisemitismus zur Staatsdoktrin (in Rumänien schon ab 1937) erhoben wurde, begingen, was man mit Victor Karady als «partiellen Völkermord an Ort und Stelle» bezeichnen kann, indem sie Juden deportierten und dabei zum Teil ermordeten wie in Transnistrien (ca. 265 000 Opfer) oder ghettoisierten und in Lagern umbrachten, wie im kroatischen Jasenovacs und Stara Gradiška (Schätzungen sprechen von 13 000 der ca. 30 000–39 000 Juden im Gebiet des USK). Rumänien änderte ab Ende 1942 seine Politik, möglicherweise angesichts der sich abzeichnenden Kriegsniederlage, und brach ein mit den Deutschen geschlossenes Deportationsabkommen vom Juli 1942. Es erlaubte die Auswanderung seiner Juden nach Palästina und gewährte 1944 ungarischen Juden aus Transsylvanien Zuflucht.

Anders als im tschechischen Landesteil sahen sich die slowakischen Juden der Tschechoslowakei ab 1918 einem starken antisemitischen Druck von Seiten der Presse und der vom
katholischen Antijudaismus geprägten Slowakischen Volkspartei ausgesetzt. Die zum Teil ungarisch sprechenden Juden
wurden als Feinde der Slowaken bekämpft, die im neuen Staat
als Speerspitze der Magyarisierung und des Kommunismus
galten. In diesem judenfeindlichen Klima ordnete die regieren-
de Volkspartei Jozef Tisos (des ab Oktober 1938 autonomen
Landes Slowakei) im November in Reaktion auf den Ersten
Wiener Schiedsspruch, in dem die Slowakei Gebiete an Ungarn abtreten musste, die Zwangsverschleppung von 7500
Juden ins Niemandsland zwischen beiden Staaten an, wobei
es in der von der Regierung aufgehetzten Stimmung zu Plünderungen und Pogromgewalt kam. Der spätere Premierminister und Präsident der selbständigen Slowakischen Republik
Tiso erklärte im Februar 1939, das Judentum müsse aus dem
nationalen Leben endgültig ausgeschlossen werden, und schon
im gleichen Jahr wurden Arbeitslager für Juden eingerichtet.
Die formell autonome, wenn auch mit einem Schutzvertrag
an das Deutsche Reich gebundene klerikal-faschistische Slowakei behielt in ihrer Judenpolitik bis Sommer 1944 weitgehende Autonomie und erließ im September 1941 mit dem sog.
Judenkodex ein rassistisches Gesetz, das in vielem dem deutschen Vorbild folgte (Enteignung, Verbot von Mischehen,
Zwangsumsiedlung, Kennzeichnung). Im Mai 1942 wurde die
Aussiedlung von Juden legalisiert, so dass bis Oktober 1942
60000 Juden nach Auschwitz gebracht wurden, was die Bevölkerung zunächst widerspruchslos hinnahm. Angesichts des
brutalen Vorgehens bei der Deportation entwickelte sich in
weiten Kreisen aber eine ablehnende Haltung. Der Vatikan
und einige slowakische Kirchenführer und Politiker protestierten vergeblich, doch wurde die Wiederaufnahme von Deportationen 1943 dann auf massiven Protest des Vatikans hin
gestoppt. Nach der Niederschlagung der slowakischen Er-
hebung gegen die Deutschen wurden die Deportationen ab
Oktober 1944 unter Mithilfe der Hlinka-Garde wiederaufge-

nommen und weitere 14 000 Juden deportiert, die aber wohl überwiegend überlebt haben.

Im Gegensatz zu den antisemitisch geprägten osteuropäischen Verbündeten Deutschlands war Antisemitismus in Italien kaum verbreitet und gehörte auch nicht zum Programm der Faschisten. Entsprechend hat man die im In- und Ausland nicht allzu ernst genommene antijüdische Wendung der faschistischen Regierung, die sich ab 1933 in massenmedial verbreiteten Verleumdungskampagnen gegen Juden äußerte, als «Staatsantisemitismus» (L. P. Fargion) betrachtet, der vor allem der Annäherung an Deutschland diente. Noch 1937 wollte Mussolini für Italien keine «Judenfrage» sehen und lehnte es ab, Juden als besondere Rasse zu betrachten. Dennoch wurden 1938 Rassengesetze erlassen, die den italienischen Juden ihre politischen und bürgerlichen Rechte nahmen, Ehen zwischen Christen und Juden verboten und auf die Ausweisung der nach Italien geflüchteten Juden zielten. Diese Gesetze waren Ausdruck einer opportunistischen Solidarisierung mit dem Bündnispartner Deutschland, eine direkte deutsche Einflussnahme ist nicht nachweisbar. Ihr Zweck war soziale Diskriminierung, aber nicht physische Verfolgung. Entsprechend verließen bis Oktober 1941 nur 6000 italienische Juden das Land. Erst mit Mussolinis Sturz im Juli 1943 und der Besetzung eines Teils Italiens durch die Deutschen änderte sich die Situation grundlegend. Bis dahin hatte die faschistische Verwaltung weder in Italien noch in den eroberten Gebieten auf dem Balkan Deportationen zugelassen und auch die antijüdischen Gesetze nur widerstrebend durchgesetzt. Die Judenverfolgung wurde nun auch dort Sache der deutschen Besatzer, die am 16. Oktober 1943 in einer Razzia die Juden Roms verhafteten und nach Auschwitz deportierten, nachdem in Norditalien bereits im September mit «Judenaktionen» begonnen worden war. Unter den Augen des Vatikans (was eine bis heute anhaltende Diskussion über die Rolle Pius XII. ausgelöst hat) gingen die Deportationen in Rom und Oberitalien weiter. Die Lage verschärfte sich, nachdem die neue Regierung der «Sozialen Italienischen Republik» unter

Mussolini am 14. November die mit maßgeblicher deutscher Beteiligung entworfene «Charta von Verona» in Kraft setzte, die die «Angehörigen der jüdischen Rasse» zu Ausländern und für die Dauer des Krieges zur «feindlichen Nationalität» erklärte, was die deutsche Verfolgungspolitik legitimierte und die italienische Polizei zur Mitarbeit verpflichtete. Hatte Mussolini also seine Haltung in der Judenpolitik geändert? Offenbar hat er mit der unbestreitbaren Kollaboration bei der Judenverfolgung weiterhin das Ziel verfolgt, die Juden durch ihre Internierung gerade vor der Deportation in die Vernichtungslager zu bewahren, womit er allerdings faktisch den deutschen Verfolgern in die Hände spielte. Das entsprechende Dekret, das die Verhaftung und Einlieferung aller, auch der italienischen Juden ins KZ anordnete, wurde allerdings von den italienischen Behörden häufig sabotiert. Die deutsche Seite nahm Ende Februar 1944 das Lager Fossoli in eigene Regie und schickte von dort die Züge mit den von der italienischen Polizei und den Abteilungen des genannten Amtes verhafteten Juden nach Auschwitz. Mit knapp 8000 Opfern fiel ungefähr ein Fünftel der jüdischen Bevölkerung von 1943 (italienische und ausländische Juden) dem Holocaust zum Opfer. Wenn diese Quote im Vergleich zu anderen westeuropäischen Ländern niedriger lag, so ist dies auf den späten Beginn der Deportationen zurückzuführen, als ein Teil Italiens schon in alliierter Hand war, und auf die geringe Kooperationswilligkeit der Behörden sowie auf die Solidarität der italienischen Bevölkerung und der Kirche, die vielen Juden Unterschlupf gewährten. Gab es in Italien auf Grund des geringen Antisemitismus größere Solidarität mit den Juden und Widerstand gegen ihre Ermordung, so bleibt doch das erstaunliche Faktum bestehen, dass in diesem Land von einer nicht antisemitischen Partei eine gesetzliche Diskriminierung verfügt und ohne gesellschaftlichen Widerstand akzeptiert wurde.

Der Holocaust

Über die Frage der Entschlußbildung zum Holocaust, die Bedeutung ideologischer Faktoren, insbesondere des Antisemitismus und Antibolschewismus, und die Rolle organisatorischer «Sachzwänge» im Zuge des gigantischen, letztlich gescheiterten «Völkerverschiebungsprogramms» und des Ostkrieges, ist in den letzten Jahrzehnten heftig gestritten worden. War der Holocaust der logische Endpunkt des historisch weit zurückreichenden, eliminatorischen Antisemitismus der deutschen Bevölkerung, wie Daniel Goldhagen behauptet hat, oder ist er als Resultat der Effizienz von technischer und bürokratischer Kontrolle in modernen Gesellschaften anzusehen? Welche Bedeutung kam anderen ideologischen Komponenten, dem extremen Nationalismus, dem Antibolschewismus und Imperialismus zu? Heute zeichnet sich ein gewisser Konsens dahingehend ab, die Ursachen der Entwicklung nicht primär im deutschen Antisemitismus generell, sondern im fanatischen «Erlösungsantisemitismus» der NS-Führung zu sehen, ohne deshalb die radikalisierende oder hemmende Bedeutung von Partei, Bürokratie, Öffentlichkeit oder dem Ausland als Faktoren zu vernachlässigen. Nach Saul Friedländers Auffassung teilten die alten Eliten und große Teile der Bevölkerung diesen kompromißlosen Antisemitismus nicht, ihr traditioneller Antisemitismus reichte aber aus, die staatliche Verfolgungspraxis hinzunehmen und sich an ihr mehr oder minder willfährig zu beteiligen. 1933 war weder der Weg nach Auschwitz vorgezeichnet, noch war der Holocaust das Resultat einer richtungslosen und chaotischen Verkettung zufälliger Ereignisse. Er war das Ergebnis des Zusammenspiels radikaler ideologischer Zielsetzungen (Antisemitismus, Rassismus, Sozialdarwinismus, Antibolschewismus) mit wirtschaftlichen, wissenschaftlichen und politischen Interessen und Entscheidungen sowie unvorhergesehenen Ereignissen oder Problemlagen.

Hatte die NS-Politik bis Kriegsbeginn die «Lösung der Judenfrage» in der Auswanderung aus Deutschland gesehen, so stellte sich mit der Besetzung Polens und seiner großen jüdischen Bevölkerung sowie mit der anschließenden Besetzung großer Teile Europas (zus. ca. 3,25 Millionen Juden) die «Judenfrage» nun im europäischen Maßstab. Neben der Forcierung der Auswanderung brachte die neue Situation eine Vielzahl von Nah- und Fernplänen in den zuständigen Ämtern von Staat und Partei hervor, die Massendeportationen und Zwangsumsiedlungen (z.B. den «Madagaskar-Plan») vorsahen, doch geriet die Siedlungs- und Rassenpolitik schnell in eine Sackgasse. Heinrich Himmler rechnete im Dezember 1940 zur «Endlösung der Judenfrage» mit einer Umsiedlung von 5,8 Millionen Juden «aus dem europäischen Wirtschaftsraum des deutschen Volkes in ein noch zu bestimmendes Territorium». Alle diese Pläne wurden mit dem Überfall der deutschen Wehrmacht auf die Sowjetunion Makulatur. Bis heute werden immer neue Hypothesen über den genauen Zeitpunkt der Entschlußbildung auf der höchsten NS-Ebene formuliert, ohne dass bisher eine Lesart hätte völlig überzeugen können oder ein «Führerbefehl» gefunden worden wäre. Bis zum Sommer 1941 war die NS-Judenpolitik mit ihrer Mischung aus forcierter Auswanderung, Errichtung von Arbeitslagern und Ghettos, Umsiedlungs- und Mordaktionen noch von Planungswirrwarr und situativ geprägten Entscheidungen gekennzeichnet, doch ab Sommer/Herbst 1941 begann mit den Mordaktionen der Einsatzgruppen, die hinter der kämpfenden Truppe in der Sowjetunion nachrückten, der systematische Völkermord. Bereits im ersten Dreivierteljahr der Besatzungsherrschaft dürften etwa 750000 Juden den Erschießungsaktionen, Pogromen und Massakern zum Opfer gefallen sein. Der Krieg wurde von den Nationalsozialisten als ein schonungsloser «Weltanschauungskrieg» gegen die «jüdisch-bolschewistische» Sowjetunion geführt, in dem Bolschewismus und Slawentum dem Nationalsozialismus und der germanischen Herrenrasse gegenüberstanden. An diesem Ausrottungsfeldzug war auch die deutsche Wehrmacht beteiligt, deren Führungsschicht den Juden gleichgültig bis ablehnend gegenüberstand und den Kampf gegen den «jüdischen Bolschewismus» begrüßte. Der Armeebefehl des Oberbefehlsha-

bers der 6. Armee, Generalfeldmarschall Walther von Reiche-
nau, vom 10. Oktober 1941 formulierte diese Haltung in brutaler Offenheit: «Das wesentliche Ziel des Feldzuges gegen
das jüdisch-bolschewistische System ist die Zerschlagung der
Machtmittel und die Ausrottung des asiatischen Einflusses auf
den deutschen Kulturkreis ... Der Soldat ist im Ostraum ...
auch Träger einer unerbittlichen völkischen Idee, und der Rä-
cher für alle Bestialitäten, die deutschem und artverwandtem
Volkstum zugefügt wurde. Deshalb muss der Soldat für die
Notwendigkeit der harten, aber gerechten Sühne am jüdischen Untermenschentum volles Verständnis haben ...» Unter
Federführung Himmlers und seiner SS wurde der Genozid
immer weiter perfektioniert, um schließlich mit den großen
Vernichtungslagern in Polen (Chelmno, Auschwitz-Birkenau,
Treblinka, Majdanek, Belzec, Sobibor) die Form industrieller
Mordfabriken anzunehmen.

Neben der «Endlösung» sahen die Planungen für die Ostge-
biete gewaltige Umsiedlungs- und Vertreibungsmaßnahmen
der einheimischen Bevölkerung vor und kalkulierten mit Millionen Hunger- und Kriegsopfern. Doch sollte die «Endlösung»
nicht auf den Osten Europas beschränkt bleiben. Zur Koordination für eine «Gesamtlösung der Judenfrage im deutschen
Einflußgebiet in Europa» lud der Chef des Reichssicherheits-
hauptamtes Reinhard Heydrich im Auftrag Görings am 20. Januar 1942 Vertreter von Ministerien und Parteistellen zur
«Wannsee-Konferenz», wo ein gigantisches Programm von
Zwangsarbeit in den KZs und Ghettos (Vernichtung durch
Arbeit), von europaweiter Deportation und von Vernichtung in
eigens dafür konstruierten Todesfabriken verabredet wurde.
Dieses Verfolgungsprogramm wurde konsequent realisiert,
obwohl oder vielleicht gerade weil sich die militärische Niederlage immer deutlicher abzeichnete, so als wollte Hitler seine Prophezeiung, dass ein Krieg «das Ende der jüdischen Rasse in Europa» sein würde, in jedem Fall Wirklichkeit werden
lassen. Dies zeigt, in welchem Maße der Antisemitismus bei
Hitler und der SS-Führung zu einer Obsession geworden war,
der alles andere untergeordnet wurde.

Diese Politik fand auf allen Ebenen willige Helfer: Finanz-
ämter, Polizeistellen, Reichsbahn, Ministerien, Wehrmacht und
Parteistellen arbeiteten zusammen. In den besetzten west- und
nordeuropäischen Ländern hing der Erfolg der Deportations-
politik von dem jeweiligen Kräfteverhältnis zwischen der Besatzungsmacht, den einheimischen Kollaborateuren, der mehr
oder weniger selbständig weiter amtierenden Regierung und
Verwaltung (vor allem der Polizei), der Haltung der Kirchen
und von Prestigepersonen (etwa des Königs), den Widerstandsgruppen und der Bevölkerung ab. Auch wenn in einigen
Ländern die einheimische Polizei bei der Verhaftung der
Juden mitarbeitete (so in Frankreich, den Niederlanden, par-
tiell in Norwegen), gab es doch von Seiten der Bevölkerung,
der Widerstandsgruppen, Teilen der Verwaltung und von den
Kirchen Widerstand gegen die Deportationen bzw. Hilfe für
die bedrängten Juden (Generalstreik in den Niederlanden, in
Belgien Widerstand der örtlichen Verwaltungen und der Öffentlichkeit, Verstecken von Juden in Frankreich, Belgien, den
Niederlanden, im besetzten Italien, in Griechenland). In anderen Ländern konnten durch den Einsatz von Regierung, Behörden, Widerstandsgruppen und Bevölkerung fast alle Juden
(Dänemark, das 8000 Juden nach Schweden brachte) oder
zumindest zur Hälfte (Norwegen) gerettet werden; dies gilt
auch für einige mit Deutschland verbündete Länder wie Finnland und Bulgarien, die sich weigerten, ihre Juden auszulie-
fern, auch wenn sie wie Bulgarien auf Druck der Deutschen
harte antijüdische Gesetze erlassen und die Juden interniert
hatten (nur aus den 1941 neu gewonnenen Gebieten Thrakien
und Mazedonien wurden 12000 Juden deportiert). Das Pro-
tokoll der Wannsee-Konferenz nannte die Zahl von ca. 11
Millionen Juden in Europa, die ermordet werden sollten. Bei
Kriegsende war es dem nationalsozialistischen Deutschland
gelungen, mehr als die Hälfte von ihnen umzubringen. Opfer
von Verfolgung und Vernichtung wurden darüber hinaus auch
andere Gruppen wie körperlich und geistig Behinderte, Sinti
und Roma, Homosexuelle, «Asoziale», Regimegegner und die
als «Untermenschen» stigmatisierte slawische Bevölkerung.

VI. Antisemitismus seit 1945

Im Mai 1946 schrieb der vormalige Reichsjugendführer Baldur von Schirach: «... wenn aber auf dem Boden der Rassenpolitik und des Antisemitismus ein Auschwitz möglich war, dann muss Auschwitz das Ende der Rassenpolitik und des Antisemitismus sein». Diese Erwartung hat sich nicht erfüllt, im Gegenteil, das erste Nachkriegsjahrzehnt war in vielen europäischen Ländern durch einen virulenten Judenhass der Bevölkerung oder eine antijüdische Politik gekennzeichnet. Der Antisemitismus lebte fort, ja er war im Laufe der nationalsozialistischen Okkupation in den besetzten Ländern noch bestärkt worden. Die Erfahrung, dass Juden gleichsam «vogelfrei» und auf die niedrigste gesellschaftliche Stufe herabgedrückt worden waren, hatte das Verhältnis zu ihnen brutalisiert, und viele sahen die tot geglaubten Überlebenden ungern zurückkehren, sei es, dass man Schuld wegen unterlassener Hilfe empfand, Rache oder Bestrafung fürchtete oder sich Besitz von Juden angeeignet hatte.

Form und Ausmaß dieses Nachkriegsantisemitismus wurden einmal durch die antisemitische Tradition eines Landes, zum anderen durch seine Position im Ost-West-Konflikt bestimmt. Dabei nahm im Laufe der Nachkriegszeit die traditionelle Prägung eher ab, und es bildeten sich gemeinsame Einstellungsmuster in Osteuropa einschließlich der DDR einerseits, im übrigen Europa und den USA andererseits. Die Bundesrepublik und Österreich haben als Nachfolgestaaten des «Großdeutschen Reiches» die besondere Form eines «Schuldabwehr-Antisemitismus» entwickelt, in dem es um Verleugnung von Schuld und die Zurückweisung von Wiedergutmachungsansprüchen seitens der Juden geht. Der «Antisemitismus nach Auschwitz» weist einige neue Aspekte auf: 1) Er muss auf den Völkermord reagieren, sei es durch seine Leugnung oder eine Schuldprojektion auf die Juden; 2) er ist in den meisten europäischen Ländern ein Antisemitismus ohne Juden, der sich noch stärker als zuvor von den Beziehungen zu den Juden des Landes abgelöst hat und sich primär auf die Mitschuld des eigenen Landes am Holocaust bezieht; 3) die rassistische Zuspitzung des Antisemitismus verliert nach 1945 wieder an Bedeutung, und 4) Antisemitismus kann seit 1948 die Form des Antizionismus annehmen und Juden kollektiv für die Politik Israels haftbar machen. Der Nahostkonflikt führte zudem dazu, dass sich in arabischen Staaten eine antizionistische Einstellung ausbreitete, in die antisemitische Ideologeme aus der europäischen Tradition eingingen, insbesondere die Idee der jüdischen Weltverschwörung.

Die Nachkriegsjahre bis 1953

Für viele überlebende Juden war mit dem Ende des Krieges keineswegs das Ende von Gewalt und Verfolgung gekommen. In Polen sahen sich die aus der Sowjetunion, den Vernichtungslagern und dem Untergrund zurückkehrenden Juden gewalttätigen Übergriffen ausgesetzt. Über 300 starben in Pogromen (wie 1946 in Kielce) und in anderen Mordaktionen. Die Ursachen lagen in der Bürgerkriegssituation, der Brutalisierung des Antisemitismus durch die Naziherrschaft sowie in der unterstellten Identifikation der Juden mit dem Sowjetkommunismus, den der antikommunistische und nationalistische polnische Untergrund bekämpfte. Die Bevölkerung griff zu Gewalt, um die Rückgabe jüdischen Besitzes zu verhindern. Diese Welle von Gewalt führte zur Flucht von ungefähr 150000 Juden in die DP-Lager der westlichen Besatzungszonen Deutschlands. Auch in Tschechien erwartete die heimkehrenden Juden ein unfreundlicher Empfang, insbesondere wenn sie deutschsprachig waren und es um die Rückgabe ihres Besitzes ging. Aus ähnlichen Motiven wie in Polen finden wir in Ungarn antijüdische Gewaltakte. Auch hier wurden die Juden mit dem verhassten Sowjetkommunismus identifiziert, da einige in den ersten zehn Nachkriegsjahren in der Kommunistischen Partei und im Sicherheitsapparat Karriere machen konnten. Später blieb jedoch der Antisemitismus in Ungarn im Vergleich zu den anderen Ostblockstaaten über die vierzig Jahre kommunistischer Herrschaft relativ gemäßigt, was sich in der geringen Abwanderung der großen jüdischen Minderheit zeigt, die allerdings wie in allen Ostblockstaaten einem hohen Assimilationsdruck ausgesetzt war und sich überwiegend in das System einpassen mußte. In Polen und in Ungarn gab es zwischen 1946 und 1949 also einen nationalistischen Antisemitismus, der auf die Abwehr des sowjetischen «Judäokommunismus» zielte. Juden galten als «Fünfte Kolonne» der Sowjetunion, die aus taktischen Rücksichten bis 1948 eine projüdische Linie verfolgte, indem sie etwa die Gründung Israels unterstützte. In der SBZ übernahm man diese Linie der Besatzungsmacht. Dort dominierte anfangs eine hilfsbereite Haltung gegenüber den jüdischen NS-Opfern (1946: ca. 4500). Sie wurden als «Opfer des Faschismus» anerkannt, erhielten, sofern sie im Lande lebten, Wohnung und Eigentum zurück und wurden bevorzugt behandelt. Als «OdF» waren sie allerdings gegenüber den kommunistischen «Kämpfern gegen den Faschismus» Opfer zweiter Klasse. Zu Konfliktpunkten sollten in der DDR die Frage der Rückgabe jüdischen Eigentums an emigrierte Juden und die Wiedergutmachungsforderungen Israels werden. Gegenüber dieser offiziellen Parteilinie lässt sich in der SBZ/DDR in den ersten Nachkriegsjahren ein massives Fortleben antijüdischer Ressentiments in der Bevölkerung erkennen, die sich 1947 in einer Welle von Friedhofsschändungen und anderen Zwischenfällen in der Ost- und in den Westzonen offenbarten. Die Führung der SED trat dem aus ihrem antifaschistischen Selbstverständnis entgegen.

Ab 1948/49 begann sich im Zuge des Kalten Krieges und des Bruchs zwischen Jugoslawien und der Sowjetunion, der zur Suche nach den Feinden in den eigenen Reihen führte, ein antisemitisches Klima auszubreiten, und auch das Verhältnis zu Israel kühlte im Ostblock stark ab. Als sich die Hoffnung auf ein sozialistisches Israel nicht erfüllte und die sowjetischen Juden Sympathie für Israel bekundeten, begann Stalin, der zu einem paranoiden Antisemiten geworden war, die Juden aus dem politischen Leben der Sowjetunion auszuschalten. Der erste Schritt war die Auflösung des «Antifaschistischen Jüdischen Komitees», das sich zur Unterstützung des Landes im Zweiten Weltkrieg gebildet hatte. Seine Mitglieder wurden verhaftet und 1952 hingerichtet, nachdem man sie in einem Geheimprozess abenteuerlicher Verbrechen beschuldigt hatte. Die Juden der UdSSR zählten zu den Opfern zweier einander scheinbar widersprechenden Kampagnen, mit denen die Sowjetführung innenpolitisch auf den Kalten Krieg reagierte: Die Antikosmopolitismus-Kampagne sollte die sowjetischen Künstler und Intellektuellen von westlichen Einflüssen abschotten. Die Beschimpfung als «wurzelloser Kosmopolit» entwickelte sich zum Synonym für «Jude». Die Antinationalismus-Kampagne richtete sich gegen jeden nicht-russischen Nationalismus und führte zum Terror gegen Juden und andere Nationalitäten. Wichtige kulturelle Einrichtungen wurden geschlossen, und man begann, Juden aus den Spitzenpositionen von Partei, Bürokratie und Universitäten zu verdrängen. Stalins «Krieg gegen die Juden» – so ein Buchtitel – gipfelte kurz vor seinem Tod in der «Aufdeckung einer Ärzteverschwörung». Mehrere Kreml-Ärzte, darunter einige Juden, wurden beschuldigt, sie hätten hohe Sowjetführer vergiften wollen und ihre Instruktionen von der jüdischen Hilfsorganisation «American Joint Distribution Committee» bekommen. Der große «Ärzteprozess» und Pläne zu einer Massendeportation von Juden blieben nur durch Stalins Tod am 5. März 1953 unausgeführt.

Auf sowjetischen Druck wurde diese antijüdische Politik in den frühen fünfziger Jahren von den kommunistischen Parteien der anderen Ostblockstaaten übernommen. In Rumänien wurden in Säuberungen, die auch die Eliten anderer ethnischer Gruppen und der Kirche trafen, zwischen 1949 und 1954 führende jüdische Parteifunktionäre ausgeschlossen und exiliert, und die Führung des Demokratischen Jüdischen Komitees wurde inhaftiert. 300000 Juden verließen bis 1975 das

Land. Auch in einem toleranten Land wie Bulgarien entschlossen sich die Juden auf Grund der bedrohlichen Vorgän-
ge in der UdSSR und der Politik der KP Bulgariens ab 1948
zur Emigration, so dass bis 1956 fast 90 % auswanderten. In
der Tschechoslowakei, in der Antisemitismus keine starke
Tradition besaß, wurde unter Ausnutzung parteiinterner Ri-
valitäten ein Prozess gegen den jüdischen Generalsekretär der
Kommunistischen Partei, Rudolf Slánsky, und dreizehn weitere führende Kommunisten, darunter elf Juden, inszeniert.
Man warf den Angeklagten Zusammenarbeit mit dem «Zionismus, Trotzkismus und westlichem Imperialismus» vor und
richtete elf von ihnen im Jahre 1952 hin. Nun wurde die An-
tizionismus-Kampagne auch in der DDR spürbar. Als Opfer
eines geplanten Schauprozesses wählte man den Nicht-Juden
Paul Merker, einen Westemigranten, den man zionistischer
Auffassungen und der «Verschiebung von deutschem Volks-
vermögen» bezichtigte, weil er sich für eine Rückerstattung
auch an *emigrierte* Juden eingesetzt hatte. Stalins Tod rettete
ihn vor dem Schauprozess, er blieb jedoch in Haft und wurde
1956 freigesprochen. Der sowjetische Druck und die aufgela-
dene Atmosphäre während des Slánsky-Prozesses wirkten sich
auch auf die Haltung der SED gegenüber den jüdischen Gemeinden aus, die nun in ihrer Arbeit behindert und deren
Büros vom Staatssicherheitsdienst durchsucht wurden. Führende jüdische Gemeindevertreter wurden aufgefordert, den
Slánsky-Prozeß zu billigen, den Antisemitismus in den sozialistischen Staaten als Propagandalüge zurückzuweisen und
Israel als faschistischen Staat zu denunzieren. Diesem Druck
entzogen sich Anfang 1953 mehrere hundert Juden durch
Flucht in den Westen, darunter die führenden Gemeindevertreter. Dennoch erreichte die Kampagne gegen «Trotzkisten,
Zionisten, Freimaurer» nicht das Ausmaß wie in der UdSSR
und der Tschechoslowakei, und mit Stalins Tod endete der
Druck auf die jüdischen Gemeinden.

Jenseits der Zonengrenze bestanden trotz aller Umerzie-
hungsbemühungen der Alliierten antijüdische Haltungen ebenfalls massiv fort. Umfragen der Amerikaner zeigen, dass Ende

1946 mindestens 40% der Deutschen als antisemitisch, weitere 20% als rassistisch und weitere 20% als nationalistisch einzustufen waren, wobei diese Vorurteile bis Anfang der fünfziger Jahre eher zu- als abnahmen. Insbesondere die jüdischen Displaced Persons, die bis in die fünfziger Jahre hinein in Lagern und requirierten Wohnungen lebten, wurden als Schwarzhändler, Kriminelle und als «Gefahr für die Deutschen» hingestellt. In Friedhofsschändungen und Tumulten trat Antisemitismus 1947–48 erneut in Erscheinung. Führende jüdische Funktionäre verließen Deutschland wegen des «Kalten Krieges gegen die Opfer» wieder. Die Mehrzahl der Politiker, Kirchenmänner und Pädagogen schwieg zu diesem unpopulären Thema, wie eine Studie der US-Militärregierung 1947 kritisch anmerkte. Mit Gründung der Bundesrepublik, die nun als Verbündete im Ost-West-Konflikt gebraucht wurde, zielte die Politik auf die Integration und Amnestierung auch belasteter Personen bis hin zu verurteilten NS-Verbrechern. Die Zulassung rechtsextremer Parteien ließ antisemitische Anschauungen wieder hervortreten. Andererseits zielten das Luxemburger Abkommen über Wiedergutmachungszahlungen an Israel von 1952 und das Bundesentschädigungsgesetz von 1953 – gegen den Willen der Bevölkerungsmehrheit – auf Aussöhnung mit den Juden und auf einen «Schlussstrich» unter die Vergangenheit. Daneben beschäftigten die Westdeutschen in den Jahren 1949 bis 1952 eine ganze Reihe von entsprechenden Skandalen (Fälle Harlan, Hedler, Auerbach-Affäre), bevor eine Phase des «Beschweigens» der NS-Vergangenheit einsetzte.

In Österreich waren aufgrund der von den Alliierten in der Moskauer Deklaration anerkannten Selbstwahrnehmung des Landes als «erstes Opfer des Nationalsozialismus» der alliierte Druck und die eigene Bereitschaft noch geringer als in Westdeutschland, die jüdischen Opfer zu entschädigen, Emigranten zurückzurufen, eine strenge Entnazifizierung durchzuführen und Massenmörder vor Gericht zu stellen. Anders als in Deutschland wurde ein gewisser Philosemitismus nicht zur Grundlage der Innen- und Außenpolitik, statt dessen unternahm man große Anstrengungen zur Reintegration ehemaliger Nazis, etwa in der 1949 gegründeten Partei «Verband der Unabhängigen» (VdU) – heute als FPÖ bekannt. In der Bevölkerung lebte der alte katholische und christlich-soziale Antisemitismus kaum gebrochen fort und verband sich mit dem NS-Antisemitismus sowie mit Ressentiments gegenüber den besser versorgten und als Schwarzhändler verschrienen ostjüdischen DPs. In Tirol und im Vorarlberg kam es zu Tumulten und Aufrufen zur Vertreibung der «Volksschädlinge». Der kleinen Israelitischen Kultusgemeinde, die 1945 nur ca. 4000 Mitglieder hatte und bis 1949 auf 8000 anwachsen sollte, zeigte man die kalte Schulter.

Die westeuropäischen Länder waren nach Kriegsende ebenfalls nicht frei von Antisemitismus. Insbesondere für Frankreich belegt eine Meinungsumfrage aus dem Jahre 1946 eine judenfeindliche Einstellung bei einem guten Drittel der Franzosen. Die französische Gesellschaft verdeckte mit dem Résistance-Mythos die Kollaboration bei der Judenverfolgung. Im ersten Jahrzehnt blieb der Antisemitismus nicht auf latente Einstellungen beschränkt, sondern fand politischen Ausdruck auf der nationalistischen und katholischen Rechten, die sich insbesondere gegen den 1954 gewählten jüdischen Premierminister Pierre Mendès-France richtete. Mitte der fünfziger Jahre war es dann die rechtspopulistische, bei Wahlen mit 11 % erfolgreiche Poujade-Bewegung, die unter dem alten Schlagwort der «République juive» die Rolle der Juden in Staat und Wirtschaft kritisierte. Dieser politischen Instrumentalisierung von Antisemitismus stellte sich eine aktive anti-antisemitische Strömung entgegen.

In England, wo der Antisemitismus weder in der Politik noch in der Bevölkerung größere Bedeutung besaß, ließen die Konflikte im britischen Mandatsgebiet Palästina antijüdische Stimmungen zumal in der Armee in Palästina und im proarabischen Foreign Office aufkommen, in dem man die Gründung Israels ablehnte. Als 1947 zwei britische Offiziere von der jüdischen Untergrundbewegung Irgun erschossen wurden, kam es in mehreren englischen Städten zu antijüdischen

Ausschreitungen. Auch die restriktive Politik gegenüber den DPs in der britischen Zone Deutschlands, die nach Israel einwandern wollten, gehört in den Kontext des Nahostkonflikts.

In anderen europäischen Ländern trat Antisemitismus in dieser Phase kaum hervor (Schweiz, Skandinavien, Jugoslawien) oder lebte in seiner christlich-traditionellen Form in rückständigen, ländlichen Gebieten, etwa Spaniens, fort. In den USA wandelte sich mit einer kurzen Verzögerung über das Kriegsende hinaus die Stimmung in den späten vierziger Jahren bereits sehr deutlich zum Positiven.

Die ruhigen Jahre: 1953–1967

Mit dem Ende der Nachwehen des Zweiten Weltkriegs und des Stalinismus, der Lösung des DP-Problems und der Gründung des Staates Israel trat Antisemitismus bis 1967 politisch und öffentlich zurück, wenn auch die Ruhe ab und zu durch antisemitische Ausbrüche gestört wurde. Durch Bücher wie das «Tagebuch der Anne Frank», durch historische Forschung und vor allem durch den Eichmann-Prozess von 1961 traten Juden als Opfer des Holocaust ins öffentliche Bewusstsein und ein Gefühl der Mitschuld gewann an Raum. Die sich im Anschluss an die Schändung der Kölner Synagoge Weihnachten 1959 weltweit ausbreitende antisemitische Schmierwelle führte die Versäumnisse in der Bekämpfung der Judenfeindschaft drastisch vor Augen. Politik, Kirchen und Erziehungseinrichtungen begannen die eigene Tradition kritisch zu befragen, so dass im Protestantismus und in der katholischen Kirche (2. Vatikanum – Nostra Aetate), nicht aber in den griechisch- und serbisch-orthodoxen Kirchen, ein Prozess des Umdenkens gegenüber dem Judentum einsetzte und man in Politik und Medien jedes Auftreten von Antisemitismus bekämpfte. Dies gilt primär für die westliche Welt, doch auch in den Ostblockstaaten blieb der Antisemitismus in dieser Phase trotz der Ablehnung des Judentums als Religion relativ «milde», da ihn die nun gefestigten kommunistischen Regierungen nicht länger zur Herrschaftssicherung benötigten. Bis 1967 unterhielten die sozialistischen Staaten auch diplomatische Beziehungen zu Israel. Dies schloss nicht aus, dass in der Ära Chruschtschow antizionistische und antisemitische Propaganda in den sowjetischen Medien erschien. Die Existenz von Antisemitismus wurde aber ebenso negiert wie die Tatsache, dass der Holocaust auf die Ermordung der Juden gezielt hatte. Eine Ausnahme bildete Polen. Dort brach in der Systemkrise vom Oktober 1956 der zwischen 1948 und 1955 unterdrückte Antisemitismus – zusammen mit antisowjetischen und antikommunistischen Tendenzen – in der Intelligenzia wie unter den Arbeitern wieder auf. Ressentiments gegen die «Macht der Juden», die auch im Parteiapparat weit verbreitet waren, nutzte die Natolin-Fraktion in den Fraktionskämpfen der Polnischen Vereinigten Arbeiterpartei, um Opponenten zu diskreditieren und politische Unterstützung in der Bevölkerung zu gewinnen. Funktionäre jüdischer Herkunft wurden seitdem zunehmend aus der Partei und dem Sicherheitsapparat verdrängt. Auch in Ungarn gab es in den Machtkämpfen der Nomenklatura antijüdische Motive. Hier brachte der Aufstand von 1956 die Ablösung der am meisten belasteten jüdischen Kader in der Parteiführung und Geheimpolizei sowie die Einführung einer «jüdischen Quote» für politische Führungspositionen. Es gab jedoch keine generelle «antijüdische Säuberungspolitik» unter dem Kádár-Regime. Schon aufgrund ihres größeren Bevölkerungsanteils blieben mehr Juden als in anderen Ostblockstaaten in der Partei aktiv. Dies mag dazu beigetragen haben, dass der Antizionismus schwächer ausfiel, die Partei das Thema «Juden» nicht anschnitt und Antisemitismus strafrechtlich verfolgt wurde.

In der DDR war das gute Einvernehmen zwischen den jüdischen Gemeinden und dem Staat nach 1953 zerstört und machte einer wachsenden Entfremdung Platz. Die Gemeinden blieben die fünfziger und sechziger Jahre hindurch von Partei und Staat weitgehend unbeachtet. Als die DDR ab 1956 Partner im arabischen Raum suchte, um auf diese Weise die westdeutsche «Hallstein-Doktrin» zu durchbrechen, sah die SED geflissentlich über den arabischen Antisemitismus hinweg und bestritt, dass ihr eigener Antizionismus, der Krieg gegen Israel als «Friedenssicherung» definierte, mit Antisemitismus gleichzusetzen sei, den sie vorrangig in der Bundesrepublik ausmachte. Dort endeten die ruhigen Jahre 1958 in einer Kette antisemitischer Skandale, die in der erwähnten Schmierwelle von 1959/60 gipfelten. Diese Welle setzte die Bundesregierung innen- wie außenpolitisch unter Druck, da sie als Zeichen für die nicht überwundene NS-Vergangenheit, insbesondere in Justiz, Schule und Politik (Fälle Globke und Oberländer), gesehen wurde. Tatsächlich lösten diese Skandaljahre ein Umdenken in diesen Institutionen aus. Der öffentlich propagierte Philosemitismus und eine zunehmende Bewunderung der Aufbauleistungen Israels, insbesondere in der linken akademischen Jugend, waren trotz des Fortlebens antisemitischer Einstellungen bei vielen Deutschen in diesen Jahren so stark, dass sich die seit Mitte der sechziger Jahre bei Landtagswahlen erfolgreiche rechtsextreme NPD mit antisemitischen Aussagen zurückhielt.

Auch Österreich erlebte 1965 mit der Affäre Borodajkewycz einen öffentlichen Konflikt. Gegen den Wiener Ökonomieprofessor, der sich mehrfach abfällig über Juden geäußert hatte, demonstrierten linke Studenten, wobei in der Auseinandersetzung mit rechten Burschenschaftern ein Student ums Leben kam. Borodajkewycz wurde daraufhin strafweise in den Ruhestand versetzt. In diesem Fall setzte sich eine antinazistische, politisch aktive Minderheit gegen die schweigende, immer noch antisemitisch geprägte Bevölkerungsmehrheit durch, doch gewann die Studentenbewegung nicht die gleiche Bedeutung für die Vergangenheitsbewältigung wie in der Bundesrepublik. Die Große Koalition aus ÖVP und SPÖ (1945–1966) beharrte auf der österreichischen Lebenslüge, das «erste Opfer» des Dritten Reiches gewesen zu sein, so dass es gegenüber den jüdischen Opfern eine Art stiller Opferkonkurrenz gab und deren Ansprüche als Bevorzugung abgelehnt wurden. Die von Simon Wiesenthal betriebene Suche nach NS-Verbrechern war vielen Österreichern ein Dorn im

Auge, erinnerte sie doch an die eigene NS-Vergangenheit, der sie sich weder politisch, noch juristisch oder in der schulischen Erziehung stellten.

Die Wende mit dem Sechs-Tage-Krieg

Der Juni-Krieg von 1967 veränderte das Bild Israels grundlegend, es galt vielen nun primär als Militär- und Besatzungsmacht. Die kommunistischen Staaten, Länder der Dritten Welt und die radikale Linke im Westen reagierten mit einer scharfen Wendung zum Antizionismus, der von antisemitischen Tönen nicht frei war. Es ging damit weltweit ein Riss durch die Linke, da die Gemäßigten für Israel Partei ergriffen.

In der Sowjetunion der Ära Kossygin begann ab 1967 eine scharf antizionistische Politik, die allerdings zwischen «guten Sowjetjuden» und «Nazi-Zionisten» zu unterscheiden vorgab, wohl um Emigrationswünschen sowjetischer Juden keine Nahrung zu geben. Sie löste eine Welle populären Antisemitismus aus. Die sowjetischen Karikaturen dieser Jahre zeigten den Zionismus als Musterschüler des Nationalsozialismus und zeichneten andererseits die Juden im schlimmsten «Stürmer»-Stil als weltbedrohende Gefahr und Handlanger des US-Imperialismus. Fast zwanzig Jahre lang sollte diese antizionistische Kampagne im Ostblock, in den arabischen Ländern und in der Dritten Welt ihre Wirkung entfalten. Sie gipfelte in der UN-Resolution von 1975, die Zionismus als «Form von Rassismus» brandmarkte. Auch die DDR schwenkte, nachdem sie bis 1967 einen moderaten Ton gegenüber Israel gepflegt hatte, auf die antizionistische Linie der anderen Ostblockstaaten (mit Ausnahme Rumäniens) ein, ohne eine Vorreiterrolle zu spielen. Innenpolitisch übte die Parteiführung Druck auf Juden aus, insbesondere auf SED-Mitglieder unter ihnen, um sie zu einer öffentlichen Verurteilung der «zionistischen Aggression» zu bewegen, durchaus mit Erfolg. Dabei bestritt die SED, dass Antizionismus eine Form von Antisemitismus sei. Nach ähnlichem Muster verfuhr ab 1967 das kommunistische, aber blockfreie Jugoslawien. Es wurde zum lautesten Wortführer des Antizionismus und antisemitischer Verschwörungstheorien außerhalb der arabischen Welt, doch versuchten Regierung und Presse zugleich eine Mobilisierung des Antisemitismus im Lande zu verhindern.

In Polen, wo die «jüdische Frage» für das kommunistische Regime vom Kriegsende bis 1989 unlösbar mit dem Problem der «Illegitimität» seiner Herrschaft verknüpft blieb, spielten die Nahostkrise sowie der «Prager Frühling» eine wichtige Rolle für die 1968 losbrechende antisemitisch-antizionistische Hetzkampagne. Als Anfang 1968 Studenten und Intellektuelle gegen die Absetzung eines Dramas von Adam Mickiewicz protestierten, bei dem es antisowjetische Kundgebungen gegeben hatte, kam es zu teils staatlich gelenkten, teils spontanen Übergriffen und Gegendemonstrationen mit antijüdischer und antidemokratischer Stoßrichtung. Anhand vorbereiteter Listen wurden vor allem Juden aus ihren Stellungen entlassen. Die studentischen Rebellen wurden wie die übrigen entlassenen Partei- und Staatsbeamten als «unpolnisch» und als Handlanger des «internationalen Zionismus» und des «Weltjudentums» hingestellt. Die meisten Polen jüdischer Herkunft verließen daraufhin das Land. Wie hier in Polen, hat in allen kommunistischen Ländern immer die Tendenz bestanden, ausländische Mächte oder «fünfte Kolonnen» für interne Probleme verantwortlich zu machen. Die sowjetische Dissidentenbewegung der sechziger Jahre wurde ebenso wie der «Prager Frühling» als eine von «zionistischer Seite ausgehende Opposition» verurteilt, und in Polen wurde Antisemitismus seit 1956 in Krisenzeiten immer wieder propagandistisch genutzt: nach den Arbeiterunruhen 1976, in der Zeit der Solidarność und nach der Errichtung der Militärregierung zwischen 1980 und 1982.

Unter den westlichen Ländern schwenkte die französische Regierung in Reaktion auf den Juni-Krieg am stärksten auf die arabische Seite um, doch nahmen auch andere Regierungen eine proarabische Haltung ein. Präsident de Gaulle begrenzte seine Kritik nicht auf Israel, das er als arrogant und aggressiv bezeichnete, sondern nannte die Juden insgesamt elitär, selbstsicher und dominant. Wie auch in Skandinavien, Belgien, Holland und England trat Antisemitismus vor allem in der politischen Linken in der Maske eines hasserfüllten Antizionismus auf, der einseitig den terroristischen «Freiheitskampf der Palästinenser» unterstützte und Israel als rassistischen und kolonialistischen Staat anprangerte. Die Identifikation mit der PLO mündete bei einigen Terrorgruppen, wie in den siebziger Jahren in der Bundesrepublik, Belgien und Dänemark, sogar in Anschläge auf jüdische Einrichtungen und in die Kooperation mit dem arabischen Terrorismus. Der Instrumentalisierung des Nahostkonflikts auf der politischen Linken und Rechten stand ein Rückgang antisemitischer Einstellungen in der Bevölkerung der westeuropäischen Länder gegenüber. So sank etwa der Anteil der Franzosen, die eine Antipathie gegenüber Juden äußerten, von 10 % im Jahre 1966 auf 1 % zwanzig Jahre später. Die Haltung der Bevölkerungen und die der extremen Rechten bzw. Linken fielen weit auseinander. Beispielhaft dafür war die Situation in der Bundesrepublik, wo nach dem Juni-Krieg große Teile der akademischen, vorher proisraelischen Linken sich nun antiimperialistisch orientierte und eine extrem israelkritische, ja -feindliche Haltung einnahmen, während die SPD und die Gewerkschaften auf Seiten Israels blieben und die überwiegende Mehrheit der Bevölkerung sowie auch die Konservativen für Israel Partei ergriffen. Doch standen in der Bundesrepublik bis 1978 weder der Nahostkonflikt noch Antisemitismus im Brennpunkt, sondern der RAF-Terrorismus. Dies änderte sich gegen Ende der siebziger Jahre mit dem Aufkommen militanter neonazistischer Organisationen und mit der Ausstrahlung der amerikanischen Fernsehserie «Holocaust» Anfang 1979, die in der Bundesrepublik – wie auch in den USA und in anderen europäischen Ländern – zahlreiche Menschen aufwühlte und eine intensive Diskussion über den Holocaust auslöste.

Einen Sonderfall bildete für die siebziger Jahre Österreich, das nicht nur eine stärker israelkritische Position einnahm, sondern in dem in diesen Jahren erbitterte Konflikte wegen der NS-Vergangenheit führender Politiker ausgetragen wurden. Meinungsumfragen der frühen siebziger Jahre belegen ein starkes Fortleben antijüdischer Vorurteile, auch wenn manche in der Wahl eines Juden, Bruno Kreisky, zum Kanzler im Jahre 1970 einen Beweis für die Überwindung des Antisemitismus sehen wollten. Obwohl er Österreich in den siebziger und achtziger Jahren als Transitland für hunderttausende russischer Juden öffnete und Israels Existenzrecht betonte, wurde Kreisky auf Grund seiner diplomatischen Kontakte zu den Palästinensern und anderen arabischen Führern sowie seiner herben Kritik an Israels Siedlungspolitik in den Augen vieler Juden zum «schwarzen Schaf». Durch die Haltung ihres Kanzlers fühlten sich manche Österreicher in ihrer antijüdischen Haltung bestärkt. Innenpolitisch kam es zwischen 1970 und 1975 wiederholt zu Konflikten zwischen Kreisky und Simon Wiesenthal, der Kreisky vorwarf, ehemalige Nationalsozialisten in sein Kabinett berufen zu haben, woraufhin dieser deren NS-Aktivitäten als Jugendirrtum verteidigte und eine Kampagne gegen Wiesenthal entfachte, indem er ihn als «Mossad- oder CIA-Agent», als «Nazi-Kollaborateur» und «jüdischen Faschisten» denunzierte und im Fall Kreisky-Wiesenthal-Peter (1975) von einer «zionistischen Einmischung» in die inneren Angelegenheiten Österreichs sprach. Zwar gab es in der Presse und in der politischen Linken Kritik an Kreiskys Attacken, doch taten sie seiner Popularität keinen Abbruch und brachten ihm den Beifall der Neonazis ein. Die Kanzlerschaft eines Juden, der als Verfolgter den Österreichern Absolution erteilte, eine Studentenbewegung, die weniger explizit als in der Bundesrepublik Fragen nach der NS-Vergangenheit stellte, und auch ein geringer internationaler Druck trugen dazu bei, dass sich Österreich bis zur Waldheim-Affäre nur wenig mit seiner NS-Vergangenheit auseinandersetzte.

Die achtziger Jahre:
Antisemitismus und Fremdenfeindlichkeit

Die späten siebziger und frühen achtziger Jahre waren in vielen europäischen Ländern vom Wiederaufleben militanter neonazistischer Gruppen und nationalistischer Bewegungen, von rechten Parteien und einer sich intellektuell gebenden Neuen Rechten geprägt. Dies gilt für die Bundesrepublik, Großbritannien (New National Front), Italien (MSI, Ordine Nuovo), Schweden, Belgien (Vlaams Blok), Frankreich (Front National, FANE/FNE, GRECE) und Griechenland (ENEK, EPEN). Diese Gruppen verübten von 1977 bis 1982 zahlreiche antisemitische und fremdenfeindliche Übergriffe, zu denen sich noch antiisraelische Terrorakte gesellten. Mit Israels Invasion in den Libanon 1982 häuften sich antizionistische Stellungnahmen auch in den Medien von Ländern wie Griechenland, Schweden und der Schweiz, in denen Antisemitismus bislang nur eine geringe Rolle gespielt hatte, und der französische Präsident Mitterrand mobilisierte in der Europäischen Gemeinschaft Opposition «gegen die Vernichtung des palästinensischen Volkes» durch Israel. Frankreich, das seit 1978 eine ganze Reihe schwerer Bombenanschläge und Attentate auf jüdische Einrichtungen erlebt hatte, wurde 1982 wiederum von antijüdischen Terrorakten erschüttert, so dass nicht nur der israelische Ministerpräsident Begin Frankreich als «Land des grassierenden Antisemitismus» kritisierte, sondern auch viele Franzosen ein Wiederaufflackern von Rassismus und Antisemitismus konstatierten. Die Gewalt ging jedoch auf das Konto des arabischen Terrorismus und war nicht, wie Umfragedaten zeigen, einem Anwachsen antijüdischer Einstellungen geschuldet. Terroranschläge erschütterten zu dieser Zeit auch Italien, wo 1982 ein Anschlag auf die Synagoge in Rom Tote und Verletzte forderte.

Ähnlich wie in Frankreich waren die achtziger Jahre in der Bundesrepublik durch eine politisch heftig geführte Auseinandersetzung über die Asyl- und Ausländerpolitik bestimmt, die der rechtsextremen Partei der «Republikaner» am Ende des Jahrzehnts zum Durchbruch verhalf. Im Zuge ausländer-feindlicher Gewalt häuften sich zu Beginn der achtziger und in den neunziger Jahren auch antisemitische Straftaten. Zwischen 1984 und 1989 wurde über Juden jedoch in einem anderen Kontext debattiert. In einer Reihe von Affären und Konflikten, von Helmut Kohls «Gnade der späten Geburt» über die Bitburg- und die Faßbinder-Affäre, den «Historiker-streit» bis hin zum «Fall Jenninger» (man kann die Linie bis zum Walser-Bubis-Streit verlängern), wurde über den richtigen Umgang mit Juden und der Erinnerung an den Holocaust gestritten. In diesen Konflikten setzte sich gegen konservativ-nationale Positionen eine Auffassung durch, welche die Bedeutung der Erinnerung an das singuläre Verbrechen betonte und sich etwa in der privaten Initiative zum Bau eines Holo-caust-Mahnmals in Berlin manifestierte. Zahlreiche Umfragen zwischen 1985–1990 lassen erkennen, dass die Verbreitung antijüdischer Einstellungen weiter zurückging, insbesondere in der jüngeren Generation und den Bildungsschichten.

Auch Österreich sollte in der Waldheim-Affäre massiv mit der NS-Vergangenheit konfrontiert werden, die zu einem letzt-lich kathartisch wirkenden Ausbruch antisemitischer Gefühle führte. Diese waren während der Kreisky-Ära (1970–1983) latent geblieben, traten nun hervor und polarisierten sich in der offenen Konfrontation von Antisemiten und ihren Gegnern. Analysen von Umfragen und Zeitungen fanden bereits in den frühen achtziger Jahren Belege für das weit verbreitete Fortle-ben von Antisemitismus. Dazu trug auch der Führungswechsel in der FPÖ bei, der 1986 den liberalen, von den Kritikern als «judaifiziert» bezeichneten Kurs beendete und die Partei unter Führung Jörg Haiders nach rechtsaussen führte. Als im Bun-despräsidentenwahlkampf 1986 die Kriegsvergangenheit des Kandidaten Waldheim zum Gegenstand einer «Kampagne» des World Jewish Congress wurde, der ihn als «Kriegsverbrecher» anschuldigte, löste dies offenen Antisemitismus bis hinein in die Reihen von ÖVP-Politikern aus und polarisierte die Öffent-lichkeit. Viele Österreicher sahen in Waldheim nun ein «Opfer der Juden» und wählten ihn zum Bundespräsidenten. Die internationale wie innenpolitische Debatte über den österreichischen Antisemitismus, noch befördert durch das «Gedenkjahr 1988», konfrontierte das Land mit seinen «Lebenslügen»: seinem Anteil an den NS-Verbrechen, seinem historischen Antisemitismus und mit Versäumnissen seiner Nachkriegsgeschichte, etwa bei der Wiedergutmachung. Bis heute sind antisemitische Einstellungen in Österreich im Vergleich zu anderen westeuropäischen Ländern weiter verbreitet.

Die Ostblockstaaten, allen voran die Sowjetunion, schwächten in den frühen achtziger Jahren ihre antizionistische Politik ab, und mit Gorbatschow wurde sie ganz fallengelassen. In der DDR war ab Mitte der achtziger Jahre bis zu ihrem Ende die Annäherung an die Juden im In- und Ausland primär außenpolitisch motiviert, da der Staatsratsvorsitzende Erich Honecker sich dadurch bessere Verbindungen zu den USA versprach.

Das Jahr 1989 und die Folgen

Das Ende des Kommunismus in Osteuropa machte es erstmals möglich, die Einstellung der dortigen Bevölkerung zu Juden zu erheben. Das Ergebnis war insofern überraschend, als auch nach einem halben Jahrhundert kommunistischer Herrschaft, die Antisemitismus und Antizionismus einerseits politisch instrumentalisiert, andererseits ihre Verbreitung in der Bevölkerung unterdrückt hatte, die nationalen Vorkriegstraditionen wieder zum Vorschein kamen, in denen die Juden das Gegenbild zur nationalen Selbstdefinition als «wahre» Polen, Slowaken oder Russen abgaben. In Ländern mit einer starken antisemitischen Tradition, wie Polen oder der Slowakei, stimmte die Bevölkerung Anfang der neunziger Jahre antijüdischen Vorurteilen weitaus häufiger zu als Tschechen, Ungarn, Bulgaren oder Ostdeutsche. In der Tschechoslowakei hat selbst der Einheitsstaat die Unterschiede nicht eingeebnet. Die Vorurteile sind eine Mischung aus den bekannten Elementen des europäischen Antisemitismus verbunden mit einer Xenophobie, die sich auch gegen andere nationale Minderheiten wie Deutsche, Russen, Ungarn oder Roma richtet.

Folgten die osteuropäischen Staaten bis 1989 im wesentlichen einer von der Sowjetunion vorgegebenen Linie gegenüber Israel und den Juden, so sahen sie sich nun mit ihrem
eigenen historischen Erbe konfrontiert: für einige besteht das
Problem, dass sich frühere Machthaber oder Teile der Bevölkerung am Holocaust beteiligt hatten, für andere (nur) der
Makel einer langen antijüdischen Geschichte. Die früheren
Satellitenstaaten suchten sich von der Verantwortung für die
Unterdrückung und die Verbrechen während der kommunistischen Herrschaft zu entlasten.

Länder, die als Verbündete des Deutschen Reiches im Zweiten Weltkrieg an der Judenverfolgung beteiligt waren, haben
heute Mühe, ihre damalige Rolle offen zu diskutieren. Gerade
weil sich viele postkommunistische Regierungen zur Legitimation auf ihre Vorkriegsgeschichte zurückbezogen, haben
Länder wie Kroatien, Ungarn, die Slowakei und Rumänien
auch ihre autoritäre bis faschistische antisemitische Vergangenheit und ihre damaligen Führer, wie Horthy, Tiso oder
Antonescu, rehabilitiert. Dies führt etwa in der Slowakei dazu, die Bedeutung des Holocaust herunterzuspielen und die
nationale Verantwortung für antijüdische Maßnahmen ganz
auf die Deutschen abzuwälzen. Vorwürfe des Antisemitismus
werden als «antislowakisch» zurückgewiesen, er ist aber dennoch Teil des slowakischen Nationalismus. In anderen Ländern belastet primär die Mitwirkung von Teilen der Bevölkerung (Esten, Letten, Litauer, Ukrainer) die Beziehung zu
Juden. Staaten wie Polen, Russland und Tschechien kennen
dieses Problem weniger, sie trifft allerdings der Vorwurf, den
Anteil der Juden unter den NS-Opfern während der kommunistischen Jahre weitgehend ignoriert zu haben. Dennoch
bilden die NS-Verbrechen hier ein zentrales Thema der nationalen Geschichte. Dabei bleibt allerdings der eigene Antisemitismus der Vor- und Nachkriegszeit ausgeblendet.

Komplementär zum Rückgriff auf nationale Traditionen
benutzte man zur Delegitimierung der kommunistischen Herrschaft die Denkfigur des «Judäokommunismus», wonach der
Kommunismus eine «jüdische Erfindung» ist, mit deren Hilfe

die Juden die Herrschaft über die osteuropäischen Völker an sich gerissen hätten. In Rumänien etwa wurden sie nach 1989 als Urheber der stalinistischen Säuberungen hingestellt. Ironischerweise ist zumeist die alte kommunistische Nomenklatura Träger dieses alt-neuen Antisemitismus. Diese politische Instrumentalisierung gab es vor allem in der frühen Phase «postkommunistischer Panik», in der Juden als Sündenböcke für die aktuelle politische und ökonomische Krise herhalten mussten. So beschimpften in Polen bei den Wahlen von 1990 Parteigänger von Staatspräsident Lech Walesa ihren politischen Gegner Tadeusz Mazowiecki als «Krypto-Juden» und seine Regierung als von Juden kontrolliert, obwohl die Solidarność früher selbst als «unpolnisch» verleumdet worden war. Nach dem Aufflackern von Antisemitismus in der Wendephase hat sich die Lage in den meisten osteuropäischen Ländern beruhigt. Ausnahmen sind Rumänien, wo ein überhitzter Nationalismus antisemitische Vorwürfe erzeugt, und Russland, wo sich seit der konservativen Wende von 1991 eine breite inner- wie außerparlamentarische national-patriotische Bewegung als neuer Träger von Antisemitismus etabliert hat, die die Perestrojka als Teil der westlichen «jüdischen Weltverschwörung» bekämpft. Die Situation ist in Russland besonders kritisch, weil eine von populären Künstlern und einflussreichen Intellektuellen medial repräsentierte Gegenkultur auf nationalistischer Grundlage entstanden ist, in der sich die kommunistische Partei (KPRF) und rechtsextreme Gruppierungen (Russische Nationale Einheit, RNE) mit vormals emanzipatorisch ausgerichteten Teilen der Gesellschaft im Protest gegen die kapitalistische Umstrukturierung des Landes nach westlichem Muster zusammenfinden. In der Bevölkerung hielt 1999 mehr als die Hälfte die Juden für zu mächtig. Dieser Antisemitismus äußerte sich auch in zahlreichen antijüdischen Vorkommnissen.

1990 war es natürlich von besonderem Interesse, wie verbreitet in der DDR-Bevölkerung antisemitische Einstellungen, verglichen mit den Westdeutschen, nach fünfzig Jahren Teilung waren. Es hat viele überrascht, dass Ostdeutsche (4–6 %)

seltener antisemitisch waren als Westdeutsche (15%). Der
verordnete Antifaschismus und das Fehlen vergangenheitspo-
litischer Konflikte in der Öffentlichkeit dürften dafür verantwortlich sein. Inzwischen haben die Ostdeutschen bereits
«Westniveau» erreicht. Ausländerfeindliche und auch antijüdische Einstellungen fanden allerdings bei ostdeutschen
Jugendlichen schon Anfang der neunziger Jahre größere Resonanz als bei ihren Altersgenossen im Westen. Im Zuge einer
heftig geführten Asyldebatte kam es ab 1991 zu einer Welle
rechter Jugendgewalt, die ab 1992 auch antisemitische Fried-
hofs- und Mahnmalschändungen, Beleidigungen und Propa-
gandadelikte nach sich zog. Rechte rassistische Gewalt gab es
in den späten achtziger und frühen neunziger Jahren auch in
Frankreich, Österreich, Belgien, England und Schweden. So
erlebte Frankreich 1990 mit der schaurigen Schändung des
Friedhofs in Carpentras und weiteren 372 Vorfällen eine An-
tisemitismuswelle, gegen die viele Franzosen im Mai 1990 demonstrierten.

Ebenfalls ein westeuropäisches Phänomen sind Wahlerfolge
rechter, populistischer Parteien, in deren Politik aber Antisemitismus im Unterschied zur Xenophobie eine Nebenrolle
spielt, wenn auch unter den Parteimitgliedern antijüdische
Ressentiments sehr weit verbreitet sind und Parteiführer wie
Jean-Marie Le Pen, Jörg Haider oder Franz Schönhuber antijüdische Anspielungen benutzten, die zumeist auf eine Ver-
harmlosung des Holocaust zielten. Die Leugnung des Holocaust, verbunden mit entsprechenden Theorien über jüdische
Macht und Weltverschwörung, spielt heute im weltweit vernetzten revisionistischen und neonazistischen Lager die zentrale Rolle. Die «Auschwitz-Lüge», die in vielen europäischen
Ländern seit kurzem strafbar ist, sowie in den neunziger Jahren in vielen Ländern erlassene Antidiskriminierungsgesetze
geben immer wieder Anlass zu Skandalen und Strafprozessen
(gegen Günter Deckert oder David Irving). Die neuen Demo-
kratien Osteuropas lehnten solche Gesetze mit dem Hin-
weis auf die neugewonnene Presse- und Meinungsfreiheit ab,
doch ist 1999 auch in Russland erstmals regional eine rechts-

extreme Organisation (RNE) als verfassungsfeindlich verboten worden, und in Polen verbieten Verfassung und Strafgesetzbuch die Verbreitung von faschistischer Ideologie und rassistischem oder religiösem Hass.

Antisemitismus, etwa die Überzeugung, Juden besäßen zu viel Macht im Lande, ist in einigen europäischen Ländern bei einem nicht geringen Teil der Bevölkerung vorhanden: in Ungarn 17 %, Deutschland 20 %, Polen 26 %, Österreich 28 %, Russland 49 %, in anderen Ländern, wie England, Tschechien, den Niederlanden, Skandinavien oder Bulgarien ist er heute dagegen marginal. Dies gilt auch für die USA, in der antisemitische Einstellungen in den neunziger Jahren einen historischen Tiefstand erreicht haben, wenn sie auch unter Schwarzen noch immer hervortreten und zur Ideologie rechtsextremer Hate-Groups gehören.

In den ehemals kommunistischen Staaten spielt die Transformationskrise mit ihren Rückgriffen auf die nationalen Traditionen für eine antisemitische Haltung die zentrale Rolle. Vor allem wenn die nationalen Mythen über das Verhalten im Zweiten Weltkrieg von jüdischer Seite in Frage gestellt werden, kommt es zu antisemitischen Reaktionen. Dies gilt auch für andere europäische Länder, in denen Kränkungen des Nationalstolzes antijüdische Reaktionen auslösen, etwa wenn die Verstrickung der eigenen Nation in die NS-Judenverfolgung kritisiert und Entschädigung gefordert wird, wie dies die Schweiz und Deutschland Ende der neunziger Jahre und Österreich mit der «Waldheim-Affäre» erlebten. Dennoch, in Europa und den USA hat Antisemitismus heute deutlich an gesellschaftlicher Akzeptanz verloren und ist weitgehend tabuisiert. Juden genießen staatlichen Schutz, und Antisemitismus wird vom Staat, den Massenmedien und vielen gesellschaftlichen Gruppen und Institutionen bekämpft, die ihre antijüdischen Traditionen – wie etwa die Kirchen – revidiert haben. Soziale oder politische Krisen werden nicht mehr mit Juden verknüpft, so dass Antisemitismus als Erklärungsmodell nur noch in marginalisierten rechtsextremen Gruppen vorkommt.

Drei neuere Entwicklungen begünstigen heute jedoch die Übernahme antisemitischer Einstellungen: die Verunsicherung durch die Globalisierung und den internationalen Terrorismus (Stichwort 11. September) sowie der erneut eskalierte Nahostkonflikt. Letzterer bietet den wesentlichen Nährboden für antijüdische Propaganda und Orientierungen in arabischen und anderen islamischen Staaten und findet inzwischen Resonanz unter arabisch-muslimischen Zuwanderern in Europa. Dabei darf natürlich nicht jede Kritik am Vorgehen Israels gegen die Palästinenser als antisemitisch motiviert gedeutet und damit desavouiert werden. Erst wenn Angriffe gegen die jüdische Religion oder antisemitische Ideologeme sich mit politischem Antizionismus verbinden und unterschiedslos auf alle Juden bezogen werden, kann von Antisemitismus gesprochen werden. Insbesondere in radikal islamistischen Organisationen, in denen mit Israel zugleich die kapitalistische westliche Kultur vor allem der USA das Feindbild abgeben, geht der radikale Antizionismus in Antisemitismus über. Dessen zentrale Elemente sind Verschwörungstheorien, verbreitet in Form der «Protokolle der Weisen von Zion», und die Leugnung des Holocaust, mit dem sich die Juden in ihren Augen einen ungerechtfertigten Opferstatus verschaffen. Dieser islamistische Judenhass ist per Internet mit dem internationalen Rechtsextremismus verbunden. Globalisierung und Terrorismus verunsichern aber auch die Bürger der westlichen Welt und lassen Ängste anwachsen und Verschwörungstheorien sprießen. Wie schon in der Modernisierungskrise des ausgehenden 19. Jahrhunderts schreiben manche wiederum den Juden die Schuld an dieser Entwicklung zu. Eine solche Sicht ist zusammen mit Antiamerikanismus in der extremen Linken anzutreffen. Doch nicht nur dort, auch in weiteren Kreisen der Bevölkerung wird die israelische Politik heftig abgelehnt, und dies lässt nicht nur die Solidarität mit Israel erodieren, sondern beginnt sich auch negativ auf die Einstellung zu den Juden im Lande auszuwirken.

Literatur

Die vorliegende Literaturauswahl umfasst neben den für die Darstellung herangezogenen Arbeiten Titel, die eine erste Orientierung für die verschiedenen Länder und Epochen und Regionen ermöglichen sollen.

Götz Aly, «Endlösung». Völkerverschiebung und der Mord an den europäischen Juden, Frankfurt a. M. 1995

Frank Bajohr, «Unser Hotel ist judenfrei», Bäder-Antisemitismus im 19. und 20. Jahrhundert, Frankfurt a. M. 2003

Friedrich Battenberg, Die Juden des römisch-deutschen Reiches von der Reformationszeit bis zur Aufklärung, Enzyklopädie deutscher Geschichte, Bd. 60, München 2001

Wolfgang Benz (Hrsg.), Dimension des Völkermords. Die Zahl der jüdischen Opfer des Nationalsozialismus, München 1991

Wolfgang Benz und Werner Bergmann (Hrsg.) Vorurteil und Völkermord. Entwicklungslinien des Antisemitismus, Bonn 1997

Helmut Berding, Moderner Antisemitismus in Deutschland, Frankfurt a. M. 1988

Pierre Birnbaum und Ira Katznelson (Hrsg.), Paths of Emancipation. Jews, States, and Citizenship, Princeton 1995

Leonard Dinnerstein, Anti-Semitism in America, Oxford 1994

Rainer Erb und Werner Bergmann, Die Nachtseite der Judenemanzipation. Der Widerstand gegen die Integration der Juden in Deutschland 1780–1860, Berlin 1989

Saul Friedländer, Das Dritte Reich und die Juden. Bd. 1: Die Jahre der Verfolgung 1933–1939, München 1998

John G. Gager, The Origins of Anti-Semitism: Attitudes Toward Jews in Pagan and Christian Antiquity, New York 1983

Hermann Graml, Angelika Königseder, Juliane Wetzel (Hrsg.), Vorurteil und Rassenhaß. Antisemitismus in den faschistischen Bewegungen Europas, Berlin 2001

Hermann Greive, Geschichte des modernen Antisemitismus in Deutschland, Darmstadt 1983

William H. Hagen, Before the «Final Solution»: Toward a Comparative Analysis of Political Anti-Semitism in Interwar Germany and Poland, in: Journal of Modern History 68, 1996, S. 351–381

Arno Herzig, Jüdische Geschichte in Deutschland. Von den Anfängen bis zur Gegenwart, München 1997

Raul Hilberg, Die Vernichtung der europäischen Juden. Die Gesamtgeschichte des Holocaust, 3 Bde. Frankfurt a. M. 1990

Werner Jochmann, Gesellschaftskrise und Judenfeindschaft in Deutschland 1870–1945, Hamburg 1988

Victor Karady, Gewalterfahrung und Utopie. Juden in der europäischen Moderne, Frankfurt a. M. 1999

Jacob Katz, Vom Vorurteil zur Vernichtung. Der Antisemitismus 1700–1933, München 1989

Ian Kershaw, Hitler. 1889–1936 (Bd. 1); Hitler. 1936–1945 (Bd. 2.), Stuttgart, München 1998 und 2000

John D. Klier, Imperial Russia's Jewish Question, 1855–1881, Cambridge 1995

Heinz-Dietrich Löwe, Antisemitismus und reaktionäre Utopie. Russischer Konservatismus im Kampf gegen den Wandel in Staat und Gesellschaft, 1890–1917, Hamburg 1978

Uwe Lohalm, Völkischer Radikalismus. Die Geschichte des Deutschvölkischen Schutz- und Trutzbundes 1919–1923, Hamburg 1970

Michael Marrus und Robert O. Paxton, Vichy France and the Jews, New York 1981

Werner E. Mosse und Arnold Paucker (Hrsg.), Entscheidungsjahr 1932. Zur Judenfrage in der Endphase der Weimarer Republik, Tübingen 1965

Werner E. Mosse und Arnold Paucker (Hrsg.), Juden im Wilhelminischen Deutschland, Tübingen 1976

Heiko A. Oberman, Wurzeln des Antisemitismus. Christenangst und Judenplage im Zeitalter von Humanismus und Reformation, Berlin 1981

Peter G. J. Pulzer, Die Entstehung des politischen Antisemitismus in Deutschland und Österreich 1867–1914, Gütersloh 1966

Reinhard Rürup, Emanzipation und Antisemitismus, Göttingen 1975

Rosemary Ruether, Nächstenliebe und Brudermord. Die theologischen Wurzeln des Antijudaismus, München 1978

Michael Toch, Juden im mittelalterlichen Reich, Enzyklopädie deutscher Geschichte, Bd. 44, München 1998

Herbert A. Strauss, Hostages of Modernization. Studies on Modern Antisemitism 1870–1933/38, 2 Bde. Berlin, New York 1993

Herbert A. Strauss, Werner Bergmann und Christhard Hoffmann (Hrsg.), Der Antisemitismus der Gegenwart, Frankfurt a. M. 1990

Matthias Vetter, Antisemiten und Bolschewiki. Zum Verhältnis von Sowjetsystem und Judenfeindschaft 1917–1939, Berlin 1995

Shulamit Volkov, Die Juden in Deutschland 1780–1918, Enzyklopädie deutscher Geschichte, Bd. 16, München 1994

Dirk Walter, Antisemitische Kriminalität und Gewalt. Judenfeindschaft in der Weimarer Republik, Bonn 1999

Moshe Zimmermann, Die deutschen Juden 1914–1945. Enzyklopädie deutscher Geschichte, Bd. 43, München 1997

Personenregister

C.H.BECK ■ WISSEN

in der Beck'schen Reihe

Zuletzt erschienen: